# MANUEL
DE
# DROIT INTERNATIONAL PRIVÉ

PAR

## ANDRÉ WEISS

MEMBRE DE L'INSTITUT DE FRANCE
PROFESSEUR DE DROIT INTERNATIONAL PRIVÉ A L'UNIVERSITÉ DE PARIS
ANCIEN JURISCONSULTE DU MINISTÈRE DES AFFAIRES ÉTRANGÈRES
MEMBRE DE LA COUR PERMANENTE D'ARBITRAGE
VICE-PRÉSIDENT DE LA COUR PERMANENTE DE JUSTICE INTERNATIONALE DE LA HAYE

## NEUVIÈME ÉDITION
revue et mise au courant

La première Édition de cet ouvrage, publiée sous le titre
de *Traité élémentaire de droit international privé*, a été honorée d'une récompense
par l'Académie des sciences morales et politiques (Concours Wolowski, 1888)

## SUPPLÉMENT
Loi sur la Nationalité

LIBRAIRIE
DU
RECUEIL SIREY
(SOCIÉTÉ ANONYME)
22, Rue Soufflot, PARIS, 5e

1928

# MANUEL
## DE
# DROIT INTERNATIONAL PRIVÉ

### SUPPLÉMENT

# MANUEL
DE
# DROIT INTERNATIONAL PRIVÉ

PAR

## ANDRÉ WEISS

MEMBRE DE L'INSTITUT DE FRANCE
PROFESSEUR DE DROIT INTERNATIONAL PRIVÉ A L'UNIVERSITÉ DE PARIS
ANCIEN JURISCONSULTE DU MINISTÈRE DES AFFAIRES ÉTRANGÈRES
MEMBRE DE LA COUR PERMANENTE D'ARBITRAGE
VICE-PRÉSIDENT DE LA COUR PERMANENTE DE JUSTICE INTERNATIONALE DE LA HAYE

---

## NEUVIÈME ÉDITION
revue et mise au courant

---

La première Édition de cet ouvrage, publiée sous le titre
de *Traité élémentaire de droit international privé*, a été honorée d'une récompense
par l'Académie des sciences morales et politiques (Concours Wolowski, 1888)

---

## SUPPLÉMENT
Loi sur la Nationalité

---

LIBRAIRIE
DU
## RECUEIL SIREY
(SOCIÉTÉ ANONYME)
22, Rue Soufflot, PARIS, 5e

---

1928

# APPENDICE

## LOI DU 10 AOUT 1927 SUR LA NATIONALITÉ

Quarante ans à peine ont passé depuis la mise en vigueur de la grande loi sur la nationalité du 26 juin 1889. Cette loi, qui remplaçait ou complétait sur des points importants les articles du Code civil de 1804 consacrés à l'acquisition ou à la perte du droit de cité, ainsi que les divers textes législatifs, que la nécessité avait fait inscrire à leur suite, n'avait pas tardé elle-même à paraître insuffisante : à un moment où la nation tout entière concentrait ses efforts et ses énergies dans une lutte héroïque contre l'envahisseur, les facilités offertes aux étrangers pour devenir Français, et le péril auquel elles exposaient la défense nationale, devaient soulever des critiques et des inquiétudes, dont quelques-unes n'étaient que trop fondées. Après une première tentative d'ensemble faite en 1916, et quelques retouches partielles apportées, au fur et à mesure de nécessités urgentes, à la législation existante, un projet de loi, inspiré par les idées restrictives qui viennent d'être signalées, reçut de la *Société d'études législatives* en 1917 l'accueil le plus favorable, et fut voté en 1923 sans discussion par le Sénat, et presque sans modifications par la Chambre des députés, où il eut la bonne fortune d'avoir pour rapporteur notre collègue de la Faculté d'Alger, M. André Mallarmé.

Cependant, et avant que ce projet eut reçu la sanction législative, un revirement s'était fait dans les esprits, et les préoccupations nationalistes dont il portait la trace avaient fini par céder devant l'impérieux devoir qui s'imposait aux pouvoirs publics de remédier, la paix une fois rétablie, par des mesures appropriées, au déficit de la natalité française et aux sanglants sacrifices que la guerre avait coûtés à notre jeunesse. Ce nouveau point de vue, qui devait conduire à élargir les règles jusqu'alors suivies pour l'acquisition de la nationalité française, soit par l'influence du *jus soli*, soit par la voie de la naturalisation, a trouvé son expression dernière dans la *loi du 10 août 1927*, annexe I ; cette loi, plus audacieuse que la réforme prudente, dont M. Batbie avait autrefois pris l'initiative au Sénat français, ne se contente pas de codifier, au prix de quelques changements de détail, les dispositions relatives à la nationalité, éparses jusque-là, soit dans le Code civil, soit dans les lois complémentaires ultérieures; tout en maintenant les règles essentielles, dont une pratique déjà longue avait souligné l'utilité, sauf à y apporter certaines améliorations reconnues indispensables, elle restitue à cette matière son indépendance, la faisant sortir du Code civil, et peut-être en même temps du droit privé, auquel nombre d'auteurs l'avaient rattachée jusqu'à ce jour, pour en faire une législation spéciale, se suffisant à elle même. Un décret *non réglementaire*, portant la même date (*J. off.* du 14 août 1927) (Annexe II) et une circulaire ministérielle du 13 août suivant (*J. off.* du même jour)(Annexe III) sont venues la compléter et la commenter.

La loi du 10 août 1927, quoique procédant d'un esprit nouveau, nettement extensif, n'a donc touché qu'avec prudence au régime antérieur de la nationalité, tel qu'il a été exposé aux pages 1 et suiv. de ce *Manuel*, et il nous suffira, en général, pour rendre compte des changements que ce régime a subis, de les signaler, par de simples renvois aux pages modifiées; ce sera l'objet de ce court *Appendice* (1).

(1) Voici, emprunté à la Collection des lois et décrets de J.-B. Duvergier publiée à la Librairie Sirey, le tableau chronologique des travaux préparatoires de cette loi :

Sénat. — 1° Projet de loi de *M. Antony Ratier*, du 11 nov. 1913. — 2° Proposition de loi de *M. Louis Martin*, du 10 févr. 1916. — 3° Projet de loi de *M. Briand*, du 21 sept. 1916. — 4° Proposition de loi de *M. Louis Martin*, du 10 juin 1920. — Rapport de *M. Lhopiteau*, du 24 janv. 1922. — Déclaration d'urgence, discussion et adoption le 21 mars 1922 (*J. off.* du 22, déb. parl., p. 387). — 5° Projet de loi de *M. Briand*, du 2 avr. 1921. — Rapport de *M. Eccard*, du 7 déc. 1922. — Déclaration d'urgence, discussion et adoption le 23 janv. 1923 (*J. off.* du 24, déb. parl., p. 110). — 6° Proposition de loi de *M. Louis Martin*,

# De la nationalité d'origine.

### *Influence du « jus sanguinis ».*

*Enfants légitimes.* — La règle écrite à l'article 8, n° 1, alinéa 5, du Code civil est reproduite par l'article 1er, n° 1, de la loi nouvelle.   *Manuel, p. 5 et s.*

La controverse qui s'était élevée sur l'époque à considérer pour l'attribution à l'enfant légitime de la nationalité de son père, lorsque ce dernier a changé de patrie dans l'intervalle qui sépare la conception de la naissance (*Manuel*, p. 16 et s.), n'a pas été résolue par le législateur de 1927.

*Enfants naturels.* — De même, et à part une légère différence de rédaction, le système appliqué en 1889 à la détermination de la nationalité d'origine de l'enfant naturel *jure sanguinis* (C. civ., art. 8, n° 1, al. 2; *Manuel*, p. 18 et s.) est maintenu. Loi de 1927, article 1er, n° 4.

*Enfants légitimés.* — Mettant fin à une discussion qui, dans

---

du 6 juill. 1922. — Rapport de *M. Maranguet*, du 21 juin 1923. — Déclaration d'urgence et adoption sans discussion le 11 juill. 1923 (*J. off.* du 12, déb. parl., p. 1554).

CHAMBRE DES DÉPUTÉS. — 1° Dépôt et transmission les 31 mars 1922, 9 févr. 1923 et 13 nov. 1923. — 2° Projet de loi de *M. Millerand*, du 12 mars 1920. — 3° Proposition de loi de *M. Louis Martin*, du 20 juill. 1920. — Rapport de *M. Raynaldy*, du 7 juin 1923, 2e s. — 4° Proposition de loi de MM. *Denise* et *Ricolfi*, du 22 déc. 1921. — Rapport de *M. Lionville*, du 13 oct. 1922. — Rapport général de *M. Liouville*, du 13 mars 1924. — Discussion et adoption le 10 avr. 1924, 1re s. (*J. off.* du 11, déb. parl., p. 2075).

SÉNAT. — Retour le 26 juin 1924. — Rapport de *M. Lisbonne*, du 5 nov. 1925. — Discussion et adoption les 20 novembre et 3 déc. 1925 (*J. off.* des 21 novembre et 4 décembre, déb. parl., pp. 1622 et 1645).

CHAMBRE DES DÉPUTÉS. — Retour le 12 déc. 1925, 2e s. — Rapport de *M. Mallarmé*, du 18 mars 1927. — Discussion et adoption les 31 mars et 7 avr. 1927 (*J. off.* des 1er et 8 avril, déb. parl., pp. 1099, 1211 et 1129).

SÉNAT. — 2e Retour le 17 mai 1927. — Rapport de *M. Lisbonne*, du 10 juin 1927. — Discussion et adoption le 8 juill. 1927 (*J. off.* du 9, déb. parl., p. 848).

CHAMBRE DES DÉPUTÉS. — 2e retour, lecture du rapport de *M. Mallarmé* et adoption le 13 juill. 1927 (*J. off*, du 14, déb. parl., p. 2686).

le silence du Code civil, avait opposé la doctrine et la jurisprudence (V. *Manuel*, p. 23), le texte nouveau (art. 1er, n° 4, al. 3), dispose que « la légitimation d'un enfant mineur lui donne, s'il ne l'a déjà, la nationalité française de son père ».

*Enfants adoptifs.* — La règle introduite par la loi du 19 juin 1923 dans l'article 345 du Code civil, et suivant laquelle « l'adoption n'entraîne pas pour l'adopté un changement de nationalité » (V. *Manuel*, p. 24), n'a pas été modifiée.

### Influence du « jus soli ».

Si en principe le seul fait d'être né sur le territoire français n'entraîne plus, comme autrefois, pour le fils d'étranger l'attribution nécessaire et définitive de la nationalité française, cette circonstance peut cependant, suivant les cas, faciliter l'accès du droit de cité à ceux qui ne le possèdent pas encore *jure sanguinis*.

Plusieurs hypothèses doivent être distinguées.

Manuel, p. 26 et s.

1° *Enfant mineur né en France d'un étranger qui n'y est pas né lui-même, mais qui y a son domicile* (Loi de 1927, art. 4 et 5). Cet enfant peut, *jusqu'à l'âge de vingt et un ans accomplis*, réclamer la qualité de Français. S'il est âgé de plus de seize ans, le réclamant doit être autorisé par le parent investi sur lui de la puissance paternelle ou, le cas échéant, par son tuteur, après avis conforme du conseil de famille; mais il fait sa déclaration lui-même, et sur ce point la loi de 1927 s'est écartée du régime antérieur (V. *Manuel*, p. 44). S'il est âgé de moins de seize ans, la déclaration peut être souscrite en son nom par son représentant légal.

La participation volontaire aux opérations du recrutement, dans les conditions déterminées par les lois militaires pour les fils d'étrangers nés en France, et sous réserve de l'habilitation prévue ci-dessus, tient lieu de la déclaration requise (Cf. art. 9, § 11, du Code civil, et ce *Manuel*, p. 39 et s.).

Toute déclaration souscrite, soit en vue d'acquérir (*soit en vue de répudier*) la qualité de Français, est reçue par le juge de paix du canton dans lequel le déclarant a son domicile, ou, à défaut, sa résidence. En cas de résidence à l'étranger, elle est souscrite devant les agents diplomatiques et consulaires.

Faute d'enregistrement au ministère de la Justice, la déclaration est considérée comme non avenue. Elle doit, après son enregistrement, être insérée au *Bulletin des Lois*, sans que l'omission de cette formalité puisse préjudicier aux droits du déclarant.

L'enregistrement est refusé, si le déclarant n'est pas dans les conditions requises par la loi. Ce refus et les motifs sur lesquels il se fonde sont, dans les trois mois de la déclaration, notifiés au déclarant, qui a la faculté de se pourvoir devant les tribunaux civils, conformément aux articles 855 et suivants du Code civil.

A défaut de cette notification dans le délai fixé, le ministre de la Justice peut, à moins qu'il ne conteste la déclaration pour cause d'indignité, remettre au déclarant, sur sa demande, une copie de sa déclaration, avec mention de l'enregistrement. Dans tous les cas, la déclaration dûment enregistrée prend effet à compter du jour où elle a été souscrite (Loi de 1927, art. 5). Il faut noter enfin que les dispositions qui précèdent ne sont pas applicables à l'individu contre lequel a été pris un arrêté d'expulsion, dont les effets n'ont pas été suspendus (Loi de 1927, art. 3 *in fine*).

L'enregistrement de la déclaration, souscrite dans les conditions qui viennent d'être rappelées et qui sont empruntées à la législation antérieure, peut être refusé pour cause d'indignité du déclarant. En ce cas, il est statué par décret rendu sur avis conforme du Conseil d'Etat. Le déclarant dûment appelé a la faculté de produire des pièces et mémoires. La décision doit intervenir six mois au plus après la déclaration, ou, si la régularité de celle-ci a été contestée, six mois au plus après le jour où le jugement qui en a admis la validité est devenu définitif.

De même, l'inscription sur les listes du recensement, qui équivaut à la déclaration de nationalité, peut être refusée par le préfet pour cause d'indignité, sur avis conforme émis par le Conseil d'Etat (Loi de 1927, art. 3, §§ 3 et 4). Il en était autrement sous le régime antérieur (Cf. *Manuel*, p. 41).

2º *Enfant d'étranger né en France et domicilié dans ce pays à l'époque de sa majorité* (Loi de 1927, art. 4). **Manuel**, p. 57 et s.

La condition faite au fils d'étranger né en France, et parvenu à l'âge de la majorité, a également attiré l'attention du législateur de 1927.

Cet enfant n'a pas besoin, pour devenir Français, de faire connaître sa volonté par une déclaration expresse. Son cas, autrefois réglé par l'article 8-4º du Code civil (L. 26 juin 1889) est prévu à l'article 4 de la loi nouvelle, et il l'est dans les mêmes termes et de la même manière. L'enfant dont s'occupe ledit article est donc Français de plein droit, sous la réserve d'une option contraire pour la patrie de ses parents, c'est-à-dire d'une répudiation. — Sur les conditions de cette répudiation, voy. *Manuel*, p. 57 et s.

La faculté de répudier la nationalité française cesse :

1° si, au cours de la minorité de l'enfant, le père ou la mère survivant de l'enfant légitime, ou le parent dont l'enfant naturel suit la nationalité, ont été naturalisés ou réintégrés ;

2° si une déclaration a été souscrite, suivant les formes prévues à l'article 5, en vue de renoncer à cette faculté, soit par le mineur lui-même âgé de plus de seize ans, habilité dans les conditions déterminées à l'article 3, al. 2, soit en son nom avant cet âge (V. *Manuel*, p. 63 et s.);

3° si le mineur a participé volontairement aux opérations du recrutement, en conformité des dispositions des lois militaires (V. *Manuel*, p. 65 et s.) (1).

<small>Manuel, p. 72 et s.</small> 3° *Enfant né en France de parents dont l'un est également né en France ou dont l'un est Français* (Loi de 1927, art. 1er, nos 2 et 3, et art. 2).

La situation est réglée par la loi nouvelle sur des bases analogues à celles qu'avait adoptées l'article 8-3° du Code civil (Lois du 26 juin 1889 et du 22 juillet 1893) Quelques innovations doivent cependant être signalées :

La nationalité française, toujours acquise de plein droit et irrévocablement, comme sous le régime antérieur, à l'enfant *légitime* né en France, dont le père étranger est lui-même né sur notre territoire, n'est accordée à l'enfant d'une mère étrangère elle-même née en France qu'à défaut d'une répudiation, dont les conditions sont précisément celles qui ont été rappelées ci-dessus. Mais, plus explicite que ne l'avait été le texte primitif, la loi de 1927 ne se contente pas d'exclure cette faculté dans le cas où, avant qu'il n'ait atteint l'âge de seize ans, les représentants légaux de l'enfant y auraient renoncé pour son compte, ou qu'il y aurait renoncé lui-même, après cet âge ; l'exclusion est encore de droit si le mineur a participé volontairement aux

---

(1) Les dispositions ci-dessus ne sont pas applicables aux enfants nés en France des agents diplomatiques et des consuls de carrière de nationalité étrangère qui, s'ils y sont domiciliés, auront la faculté, à partir de l'âge de seize ans jusqu'à l'âge de vingt-deux ans accomplis, de réclamer la qualité de Français aux conditions fixées par l'article 3 (L. 10 août 1927, art. 2, *in fine*).

opérations du recrutement en conformité des dispositions des lois militaires.

D'autre part, et c'est là une règle également nouvelle, la nationalité française est définitivement acquise à l'enfant né en France d'une mère qui, sans y être née elle-même, est de nationalité française.

Quant à l'enfant naturel né en France, la loi de 1927 (art. 1, n°s 5 et 6) maintient la distinction précédemment établie entre le cas où c'est celui de ses père et mère qui l'a reconnu le premier qui est né sur notre territoire, et le cas où la première reconnaissance est émanée de l'auteur étranger dont l'enfant ne devrait pas suivre la nationalité *juris sanguinis*. Dans le premier cas l'enfant est Français, irrévocablement Français ; dans le second, il ne le devient que sous faculté de répudiation : cette faculté de répudiation ne cesse que lorsque celui qui a fait la reconnaissance est lui-même Français.

Manuel, p. 76 et s.

4° *Enfant né en France de père et mère inconnus ou dont la nationalité est incertaine.*

Manuel, p. 78 et s.

L'article 1er, n° 7, de la loi du 10 août 1927 ne fait que reproduire pour cette hypothèse la disposition de l'article 8-2° du Code civil (Loi du 26 juin 1889), qu'il remplace.

## Du changement de nationalité.

Manuel, p. 87 et s.

*Acquisition du droit de cité en France par la naturalisation*
(Loi du 10 août 1927, art. 6 et 7.)

Le système adopté par l'article 8-5°, inséré dans le Code civil par la loi du 26 juin 1889, a été maintenu dans ses grandes lignes par la loi nouvelle.

Il y a lieu cependant de noter quelques changements :

1° La formalité de l'admission à domicile, dont l'article 13 du Code civil avait fait le préliminaire ordinaire de la naturalisation, disparaît (V. *Manuel*, p. 101 et s.).

2° N'imitant pas le silence gardé par la loi de 1889, celle de 1927 fixe à dix-huit ans révolus l'âge requis pour la naturalisation (*Manuel*, p. 98 et s.). Mais, même au-dessous de cet âge, la naturalisation est possible, pourvu que le mineur qui la sollicite ait obtenu l'autorisation expresse de son représentant légal, dans les termes de l'article 3, al. 2.

3° Le stage de résidence, qui, pour les étrangers non admis à domicile, était de dix ans, par application de l'article 8, § 5-2° du Code civil, est en principe réduit à trois ans pour tous les candidats (*Manuel*, p. 105 et s.). Et ce délai de droit commun, pour le calcul duquel est assimilé à la résidence en France, non seulement, comme sous le régime antérieur (*Manuel*, p. 104), le séjour en pays étranger pour l'exercice d'une fonction conférée par le Gouvernement français, mais encore le séjour dans un pays en union douanière avec la France, comporte comme autrefois certaines réductions de faveur. Ces réductions profitent aux étrangers âgés de dix-huit ans, qui peuvent être naturalisés après un an de résidence ininterrompue en France, s'ils ont rendu des services importants à la France, s'ils y ont apporté des talents distingués, s'ils y ont introduit soit une industrie, soit des inventions utiles, s'ils y ont créé soit des établissements industriels ou autres, soit des exploitations agricoles, s'ils ont servi dans les armées françaises ou alliées, s'ils ont acquis des diplômes délivrés par les facultés françaises, s'ils ont épousé une personne de nationalité française ou si, nés en France, ils y ont établi leur domicile à une date postérieure à leur majorité.

Enfin la naturalisation peut être accordée à tout âge et sans condition de stage à tout individu né à l'étranger, soit d'un Français dont, en conformité des dispositions de l'article 1er, § 4, alinéa 1er, de la loi nouvelle, il ne suit pas la nationalité, soit d'une Française, ou né en France ou à l'étranger de parents dont l'un a perdu la qualité de Français, pourvu qu'il soit domicilié en France. Et la même faveur est faite aux descendants des familles proscrites lors de la révocation de l'Edit de Nantes (Comp. *Manuel*, p. 119 et s.). Dans les cas prévus à ce paragraphe, si la demande de naturalisation concerne un mineur, elle est faite par son représentant légal, tel qu'il est déterminé à l'article 3, alinéa 2, s'il est âgé de moins de seize ans ou, avec son autorisation, par l'intéressé lui-même, s'il a dépassé l'âge de seize ans (Loi de 1927, article 6. Comp. dans le *Manuel*, p. 105, la disposition correspondante de l'article 8, § 5-3° du Code civil).

Une dispense de stage est aussi accordée à la femme étrangère majeure ou mineure, mariée à un étranger qui acquiert postérieurement au mariage la nationalité française et aux enfants majeurs de cet étranger.

Quant aux enfants mineurs non mariés de l'étranger ou d'une mère survivant qui se fait naturaliser Français, ils deviennent de plein droit Français, s'ils sont légitimes ou légitimés, ainsi d'ailleurs que ceux qui sont nés d'un étranger ayant acquis la qualité de Français par application des articles 3 et 4 de la loi nouvelle analysés ci-dessus. De même l'enfant naturel mineur non marié devient lui-même Français, quand l'auteur qui se fait naturaliser Français ou acquiert la nationalité française est celui dont il devrait, aux termes de l'article 1er, § 3, al. 1er, de la loi nouvelle, suivre la condition.

Les dispositions qui viennent d'être rapportées, relativement aux enfants mineurs, légitimes ou naturels, de l'étranger naturalisé Français, ne s'appliquent pas : 1° aux individus qui, âgés de moins de vingt et un ans, auraient fait l'objet d'un arrêté d'expulsion dont les effets n'ont pas été suspendus ; 2° à ceux qui serviraient ou auraient servi dans les armées de leur pays d'origine ; toutefois ceux-ci ont la faculté de solliciter la naturalisation française, après l'âge de dix-huit ans, sans condition de stage. Et la même faveur est accordée aux enfants mineurs mariés, âgés de plus de dix-huit ans (Loi de 1927, art. 7. Comp. le *Manuel*, p. 112 et s.).

L'étranger naturalisé Français jouit en principe, comme avant la loi de 1927, de tous les droits civils et politiques attachés à la qualité de citoyen français. Néanmoins il ne peut être investi de fonctions ou mandats électifs que dix ans après le décret de naturalisation, à moins qu'il n'ait accompli les obligations militaires du service actif dans l'armée française, ou que, pour des motifs exceptionnels, ce délai n'ait été abrégé par décret rendu sur rapport motivé du garde des Sceaux ; ce stage supplémentaire de dix ans n'était antérieurement imposé à l'étranger naturalisé que pour son élection au Parlement (Loi de 1927, art. 6 *in fine*. Comp. le *Manuel*, p. 109).

### Perte de la nationalité française.

Les causes qui entraînent la perte de la nationalité française ont été, sauf quelques légères modifications de détail, empruntées par le législateur de 1927 aux textes antérieurs. Manuel, p. 129 et s.

L'une de ces causes est celle qui atteint le Français naturalisé à l'étranger ou acquérant sur sa demande, après l'âge de vingt et un ans, une nationalité étrangère par l'effet de la loi. Manuel, p. 135 et s.

Seulement, jusqu'à l'expiration d'un délai de dix ans à compter soit de l'incorporation dans l'armée active, soit de l'inscription sur les tableaux de recensement en cas de dispense du service actif, l'acquisition de la nationalité étrangère ne fait perdre la qualité de Français que si elle a été autorisée par le Gouvernement français (Loi de 1927, art. 9-1°).

2° La perte de la nationalité française résulte également de la répudiation de cette nationalité, dans le cas prévu par l'article 2 de la loi nouvelle (Loi de 1927, art. 9-2°); c'est la reproduction pure et simple de l'article 17-2° du Code civil (Voy. le *Manuel*, p. 63 et s).

3° L'article 9-3° de la loi de 1927 dénationalise encore le Français, même mineur, qui, possédant par l'effet de la loi, sans manifestation de volonté de sa part, une nationalité étrangère, a été autorisé, sur sa demande, par le Gouvernement français, à la conserver (Comp. *Manuel*, p. 142).

4° La même mesure frappe le Français qui, remplissant à l'étranger un emploi dans un service public, le conserve, nonobstant l'injonction de le résigner dans un délai déterminé, qui lui aura été adressée par le Gouvernement français. Et une décision des tribunaux civils peut étendre cette dénationalisation à la femme et aux enfants mineurs de celui qui l'a encourue (Comp. *Manuel*, p. 148 et s.) (1).

*Manuel, p. 159 et s.* La déchéance de la nationalité française, qui avait pénétré dans notre législation, au cours de la grande guerre (Lois du 9 avril 1915 et du 18 juin 1917), en vue de permettre à notre gouvernement de se débarrasser de Français de fraîche date, devenus indésirables ou dangereux, a été accueillie, sauf sur certains points secondaires, par la loi de 1927 (art. 9 5°). Cette déchéance peut être prononcée par jugement : 1° contre celui qui a commis des actes contraires à la sûreté intérieure ou extérieure de l'Etat français; 2° contre celui qui s'est livré au profit d'un pays étranger à des actes incompatibles avec la qualité de citoyen français et contraires aux intérêts de la France; 3° contre celui qui s'est soustrait aux obligations résultant pour lui des lois de recrutement.

Le mode d'exercice de l'action en déchéance est déterminé

---

(1) L'article 17-4° du Code civil, qui attachait la perte de la nationalité française à l'acceptation d'un service militaire à l'étranger, sans l'autorisation du chef de l'Etat, n'a pas trouvé place dans la loi du 10 août 1927 (Voy. *Manuel*, p. 152 et s.). Et de même il n'y a pas trace dans le texte récent du commerce et de la possession d'esclaves, auxquels le décret du 27 avril 1848 (art. 8 § 1) avait attaché un effet de dénationalisation. Ce décret se trouve donc virtuellement abrogé.

par l'article 10 de la loi nouvelle. L'action doit être intentée dans un délai de dix ans à partir de l'acquisition de la qualité de Français; et si cette acquisition est antérieure à la promulgation, c'est de ladite promulgation que le délai commence à courir. De toute manière, pour les personnes qui sont devenues françaises avant la mise en vigueur de la loi de 1927, la déchéance ne peut être encourue qu'à raison des faits postérieurs à cette mise en vigueur.

L'action est exercée, sur la demande du ministre de la Justice, par le ministère public, devant le tribunal civil du domicile ou, à son défaut, de la résidence de l'intéressé.

Lorsque son domicile et sa résidence sont inconnus ou se trouvent en pays étranger, l'action est intentée devant le tribunal du dernier domicile ou de la dernière résidence connus (1) (Comp. *Manuel*, p 159 et s.).

*Influence du mariage sur la nationalité de la femme.*
(Loi du 10 août 1927, art. 8.)

L'article 8 de la loi de 1927 consacre une innovation importante sur le régime appliqué par les articles 12, § 1, et 19 du Code civil, soit à la femme mariée étrangère, devenue l'épouse d'un Français, soit à la femme française qui épouse un étranger. Tandis que ces deux articles, désireux de maintenir ou d'établir l'unité de nationalité dans la famille, obligent en principe la femme à suivre la condition de son mari, le texte nouveau transforme presque toujours cette obligation en simple faculté. D'une part, en effet, il dispose que la femme étrangère qui épouse un Français n'acquiert la qualité de Française que sur sa demande expresse ou si, en conformité des dispositions de sa loi nationale, elle suit nécessairement la condition de son mari. D'autre part, la femme française,

Manuel, p. 164 et s.

---

(1) La procédure de l'action en déchéance, les voies de recours et les frais de l'instance, ainsi que les effets de la décision définitive sont réglés de la manière prévue aux articles 2 à 12 inclus de la loi du 18 juin 1917, à l'exception de l'article 11 qui permet d'étendre la déchéance à la femme et aux enfants régulièrement mis en cause de celui qui l'a encourue. Toutefois le juge commis s'il y a lieu par le tribunal, aux fins d'enquête, doit, à peine de nullité de l'acte et de la procédure ultérieure, se conformer aux articles 3, 9 et 10 de la loi du 8 décembre 1897 (Comp. *Manuel*, p. 161 et s.).

qui épouse un étranger, conserve la nationalité française, à moins qu'elle ne déclare expressément vouloir acquérir, en conformité des dispositions de la loi nationale du mari, la nationalité de ce dernier. De plus la femme, qui n'a pas cessé d'être Française à la suite de son mariage, perd cette qualité, si les époux fixent leur premier domicile hors de France après la célébration de ce mariage, et si elle acquiert nécessairement la nationalité du mari, en vertu de la loi nationale de ce dernier.

*Recouvrement de la nationalité perdue.*
(Loi du 10 août 1927, art. 11.)

Manuel, p. 200 et s.

Aux règles écrites dans les articles 18, 19 et 21 du Code civil pour le recouvrement de la nationalité française, et qui variaient suivant le mode par lequel le Français ou la Française avait cessé de l'être, l'article 11 de la loi nouvelle substitue une règle unique.

L'individu qui a perdu la qualité de Français peut la recouvrer à tout âge, pourvu qu'il réside en France et que, dans le cas de minorité, il soit dûment représenté ou autorisé dans les conditions déterminées à l'article 3, al. 2. Ces conditions sont celles qui sont faites à l'enfant mineur né en France d'un étranger domicilié en France, qui réclame la qualité de Français (Voy. ci-dessus, p. 4).

Le ci-devant Français réintégré acquiert immédiatement tous les droits civils et politiques. Le stage supplémentaire de dix ans, auquel l'article 6 soumet l'étranger naturalisé, ne lui est pas imposé.

La qualité de Français peut être accordée à la femme et aux enfants majeurs du réintégré, s'ils en font la demande. Quant aux enfants mineurs, non mariés, du père ou de la mère survivant réintégré, ils deviennent Français, à moins qu'ils ne rentrent dans l'une des exceptions prévues à l'article 7, al. 4, de la loi nouvelle (V. ci-dessus, p. 9). Sous la même réserve, la nationalité française est acquise aux enfants naturels mineurs, non mariés, aux conditions fixées par l'article 3 (V. ci-dessus, p. 9. Comp. *Manuel*, p. 212 et s.).

*Non rétroactivité de l'acquisition de la nationalité française.*
(Loi du 10 août 1927, art. 12.)

Manuel, p. 111 et p. 212.

L'article 12 de la loi nouvelle se borne à reproduire la règle déjà écrite à l'article 20 du Code civil.

# ANNEXE I

## TEXTE DE LA LOI SUR LA NATIONALITÉ DU 10 AOUT 1927

Art. 1er. — Est Français :

1° Tout enfant légitime né d'un Français en France ou à l'étranger ;

2° Tout enfant légitime né en France d'un père qui y est lui-même né ;

3° Tout enfant légitime né en France d'une mère française ;

4° Tout enfant naturel dont la filiation est établie, pendant la minorité, par reconnaissance ou par jugement, lorsque celui des parents à l'égard duquel la preuve a d'abord été faite est Français.

Si la filiation résulte à l'égard du père et de la mère du même acte ou du même jugement, l'enfant suit la nationalité française de son père.

La légitimation d'un enfant mineur lui donne, s'il ne l'a déjà, la nationalité française de son père ;

5° Tout enfant naturel, né en France, lorsque celui de ses père et mère, dont il devrait suivre la nationalité, aux termes du § 4 premier alinéa, est lui-même né en France ;

6° Tout enfant naturel, né en France, lorsque celui de ses parents dont il ne doit pas suivre la nationalité, aux termes de la disposition précitée, est Français ;

7° Tout individu, né en France, de parents inconnus ou dont la nationalité est inconnue.

Art. 2. — Sont Français, sauf la faculté de répudier cette qualité dans l'année qui suivra leur majorité, telle qu'elle est réglée par la loi française :

1º Tout enfant légitime né en France d'une mère étrangère qui y est elle-même née ;

2º Tout enfant naturel né en France de parents étrangers, lorsque celui dont il ne devrait pas suivre la nationalité, aux termes de l'article 1er, est lui-même né en France.

Pour être admis à répudier la qualité de Français, l'intéressé devra prouver, par une attestation en due forme de son Gouvernement, annexée à sa déclaration, qu'il a conservé la nationalité de ses parents ; le cas échéant, il devra produire, en outre, un certificat constatant qu'il a satisfait à la loi militaire dans son pays, sauf les exceptions prévues aux traités.

La faculté de répudiation cesse :

*a*) Si, au cours de la minorité de l'enfant, le père ou la mère survivant de l'enfant légitime, le parent survivant de l'enfant naturel ou le parent dont ce dernier suit la nationalité, ont été naturalisés ou réintégrés ;

*b*) Si une déclaration a été souscrite, suivant les formes prévues à l'article 5, en vue de renoncer à cette faculté, soit par le mineur âgé de plus de seize ans, habilité dans les conditions déterminées à l'article 3, alinéa 2, soit en son nom avant cet âge ;

*c*) Si le mineur a participé volontairement aux opérations du recrutement, en conformité des dispositions des lois militaires.

Ces dispositions ne sont pas applicables aux enfants nés en France des agents diplomatiques et des consuls de carrière de nationalité étrangère qui, s'ils y sont domiciliés, auront la faculté, à partir de l'âge de seize ans jusqu'à l'âge de vingt-deux ans accomplis, de réclamer la qualité de Français aux conditions fixées par l'article 3.

Art. 3. — Peut, jusqu'à l'âge de vingt et un ans accomplis, devenir Français, tout individu né en France d'un étranger domicilié en France, qui déclarera réclamer la qualité de Français.

S'il est âgé de plus de seize ans, le déclarant doit être autorisé par le parent investi de la puissance paternelle ou, le cas échéant, par son tuteur, après avis conforme du conseil de famille. S'il est âgé de moins de seize ans, la déclaration peut être souscrite en son nom par son représentant légal, déterminé comme ci-dessus.

L'enregistrement de la déclaration, souscrite conformément à l'article 5 ci-après, peut être refusé pour cause d'indignité. En ce cas, il est statué par décret, rendu sur avis conforme du Conseil d'Etat. Le déclarant dûment appelé a la faculté de produire des pièces et mémoires. La décision doit intervenir six mois au plus après la déclaration, ou, si la régularité de celle-ci a été contestée, six mois au plus après le jour où le jugement, qui en a admis la régularité, est devenu définitif.

La participation volontaire aux opérations du recrutement, dans les conditions déterminées par les lois militaires pour les fils d'étrangers nés en France, et sous réserve de l'habilitation prévue à l'alinéa 2, tient lieu de la déclaration visée à l'alinéa 1er. L'inscription sur les listes de recensement peut être refusée par le préfet, pour cause d'indignité, sur avis conforme émis par le Conseil d'Etat.

Les dispositions du présent article ne sont pas applicables à l'individu contre lequel a été pris un arrêté d'expulsion, dont les effets n'ont pas été suspendus.

ART. 4. — Devient Français, à l'âge de vingt et un ans, s'il est domicilié en France, tout individu né en France d'un étranger, à moins que, dans l'année qui suit sa majorité, il n'ait décliné la qualité de Français en se conformant aux prescriptions de l'article 2.

Cette disposition n'est pas applicable :

*a)* aux enfants nés en France des agents diplomatiques et des consuls de carrière de nationalité étrangère, qui auront la faculté de réclamer la qualité de Français aux conditions fixées à l'article 3;

*b)* à l'individu contre lequel a été pris un arrêté d'expulsion dont les effets n'ont pas été suspendus.

ART. 5. — Toute déclaration souscrite, soit en vue d'acquérir, soit en vue de répudier la qualité de Français, est reçue par le juge de paix du canton dans lequel le déclarant a son domicile ou, à défaut, sa résidence. En cas de résidence à l'étranger, elle est souscrite devant les agents diplomatiques et consulaires.

A défaut d'être enregistrée au ministère de la Justice, la déclaration sera considérée comme non avenue.

Elle doit, après enregistrement, être insérée au *Bulletin des lois*. Néanmoins, l'omission de cette formalité ne peut préjudicier aux droits du déclarant.

L'enregistrement est refusé si le déclarant n'est pas dans les conditions requises par la loi. Ce refus et ses motifs sont, dans le délai de trois mois à partir de la déclaration, notifiés au déclarant, qui a droit de se pourvoir devant les tribunaux civils, conformément aux articles 855 et s. du Code de procédure civile.

A défaut de cette notification, et lorsque le délai ci-dessus sera expiré, le ministre de la Justice doit, à moins qu'il ne conteste la déclaration, pour cause d'indignité, remettre au déclarant, sur sa demande, une copie de sa déclaration, avec mention d'enregistrement.

La déclaration, dûment enregistrée, prend effet à partir du jour où elle a été souscrite.

Art. 6. — Acquièrent la qualité de Français les étrangers naturalisés.

La naturalisation est accordée par décret rendu après enquête sur l'étranger.

Peuvent être naturalisés, sous réserve d'autorisation expresse du mineur par son représentant légal, dans les termes de l'article 3, alinéa 2:

1° Les étrangers, âgés de dix-huit ans révolus, qui peuvent justifier d'une résidence non interrompue pendant trois années en France.

Est assimilé à la résidence en France, le séjour en pays étranger pour l'exercice d'une fonction conférée par le Gouvernement français, ou le séjour dans un pays en union douanière avec la France;

2° Les étrangers âgés de dix-huit ans révolus, après une année de résidence ininterrompue en France ou dans les conditions d'assimilation ci-dessus déterminées, s'ils ont rendu des services importants à la France, s'ils y ont apporté des talents distingués, s'ils y ont introduit soit une industrie, soit des inventions utiles, s'ils y ont créé soit des établissements industriels ou autres, soit des exploitations agricoles, s'ils ont servi dans les armées françaises ou alliées, s'ils ont acquis des diplômes délivrés par les facultés françaises, s'ils ont épousé une personne de nationalité française ou si, nés en France, ils y ont établi leur domicile à une date postérieure à leur majorité;

3° Tout individu né à l'étranger, soit d'un Français dont, en conformité des dispositions de l'article 1er, § 4, alinéa 1er, il ne suit pas la nationalité, soit d'une Française, ou né en France ou à l'étranger de parents dont l'un a perdu la qualité de Français, et ce à tout âge et sans condition de stage, pourvu qu'il soit domicilié en France. Il en est de même des descendants des familles proscrites lors de la révocation de l'édit de Nantes.

Dans les cas prévus au présent paragraphe, si la demande de naturalisation concerne un mineur, elle est faite par son représentant légal tel qu'il est déterminé dans l'article 3, alinéa 2, s'il est âgé de moins de seize ans, ou, avec son autorisation, par l'intéressé lui-même s'il est âgé de plus de seize ans.

L'étranger naturalisé jouit de tous les droits civils et politiques attachés à la qualité de citoyen français. Néanmoins, il ne peut être investi de fonctions ou mandats électifs que dix ans après le décret de naturalisation, à moins qu'il n'ait accompli les obligations militaires du service actif dans l'armée française ou que, pour des motifs exceptionnels, ce délai n'ait été abrégé par décret rendu sur rapport motivé du garde des Sceaux.

Art. 7. — Peuvent obtenir la naturalisation sans condition de stage : la femme majeure ou mineure mariée à un étranger qui acquiert postérieurement au mariage la nationalité française, et les enfants majeurs de cet étranger.

Deviennent Français les enfants mineurs légitimes ou légitimés non mariés, d'un père ou d'une mère survivant qui se fait naturaliser Français ou acquiert la nationalité française par l'application des articles 3 et 4.

Deviennent Français les enfants naturels mineurs, non mariés, quand le parent qui se fait naturaliser Français ou acquiert la nationalité française, conformément aux dispositions des articles visés à l'alinéa précédent, est celui dont ils devraient, aux termes de l'article 1er, § 4, premier alinéa, suivre la nationalité.

Les dispositions des deux précédents alinéas ne sont pas applicables : 1° aux individus qui, âgés de moins de vingt et un ans, auraient fait l'objet d'un arrêté d'expulsion dont les effets n'ont pas été suspendus; 2° à ceux qui serviraient ou auraient servi dans les armées de leur pays d'origine; toutefois ces derniers ont la faculté de solliciter la naturalisation française sans condition de stage, après l'âge de dix-huit ans.

Les enfants mineurs mariés ont la faculté de solliciter la naturalisation française sans condition de stage, après l'âge de dix-huit ans.

Art. 8. — La femme étrangère qui épouse un Français n'acquiert la qualité de Française que sur sa demande expresse ou si, en conformité des dispositions de sa loi nationale, elle suit nécessairement la condition de son mari.

La femme française, qui épouse un étranger, conserve la nationalité française à moins qu'elle ne déclare expressément vouloir acquérir, en conformité des dispositions de la loi nationale du mari, la nationalité de ce dernier.

W. — Manuel. — Suppl.

Elle perd la qualité de Française si les époux fixent leur premier domicile hors de France après la célébration du mariage, et si la femme acquiert nécessairement la nationalité du mari, en vertu de la loi nationale de ce dernier.

Art. 9. — Perdent la qualité de Français :

1° Le Français naturalisé à l'étranger ou celui qui acquiert, sur sa demande, une nationalité étrangère par effet de la loi, après l'âge de vingt et un ans.

Toutefois, jusqu'à l'expiration d'un délai de dix ans à partir, soit de l'incorporation dans l'armée active, soit de l'inscription sur les tableaux de recensement en cas de dispense du service actif, l'acquisition de la nationalité étrangère ne fait perdre la qualité de Français que si elle a été autorisée par le Gouvernement français ;

2° Le Français qui a répudié la nationalité française dans le cas prévu à l'article 2 ;

3° Le Français même mineur qui, possédant par l'effet de la loi, sans manifestation de volonté de sa part, une nationalité étrangère, est autorisé, sur sa demande, par le Gouvernement français, à la conserver ;

4° Le Français qui, remplissant à l'étranger un emploi dans un service public, le conserve, nonobstant l'injonction de le résigner dans un délai déterminé qui lui aura été faite par le Gouvernement français.

Cette mesure ne pourra être étendue à la femme et aux enfants mineurs que par décision des tribunaux civils rendue dans les formes prévues à l'article 10 ;

5° Le Français qui, ayant acquis, sur sa demande, ou celle de ses représentants légaux, la nationalité française, est déclaré déchu de cette nationalité par jugement.

Cette déchéance peut être encourue :

a) Pour avoir accompli des actes contraires à la sûreté intérieure et extérieure de l'Etat français ;

b) Pour s'être livré, au profit d'un pays étranger, à des actes incompatibles avec la qualité de citoyen français et contraires aux intérêts de la France ;

c) Pour s'être soustrait aux obligations résultant pour lui des lois de recrutement.

Art. 10. — L'action en déchéance doit être exercée dans un délai de dix ans à partir de l'acquisition de la qualité de Français, délai qui court seulement à dater de la promulgation de la présente loi, si l'acquisition de cette qualité est antérieure à sa mise en vigueur.

Pour les personnes qui ont acquis la nationalité française antérieurement à la mise en vigueur de la présente loi, la déchéance ne pourra être encourue que pour des faits postérieurs à cette mise en vigueur.

L'action est intentée, sur la demande du ministre de la Justice, par le ministère public, devant le tribunal civil du domicile, ou, à son défaut, de la résidence de l'intéressé.

Lorsque son domicile et sa résidence sont inconnus ou se trouvent en pays étranger, l'action est intentée devant le tribunal du dernier domicile ou de la dernière résidence connus.

La procédure, les voies de recours et les frais de l'instance, ainsi que les effets de la décision définitive sont réglés suivant les formes prévues par les articles 2 à 12 inclus de la loi du 18 juin 1917, exception faite de l'alinéa 2 de l'article 11 de ladite loi; toutefois, le juge commis, s'il y a lieu, par le tribunal aux fins d'enquête, doit, à peine de nullité de l'acte et de la procédure ultérieure, se conformer aux articles 3, 9 et 10 de la loi du 8 décembre 1897.

Art. 11. — L'individu qui a perdu sa qualité de Français peut la recouvrer à tout âge par décret, pourvu qu'il réside en France et que, dans le cas de minorité, il soit dûment représenté ou autorisé dans les conditions déterminées à l'article 3, alinéa 2.

En cas de réintégration, il acquiert immédiatement tous les droits civils et politiques.

La qualité de Français peut être accordée à la femme et aux enfants majeurs, s'ils en font la demande. Les enfants mineurs, non mariés, du père ou de la mère survivant réintégré, deviennent Français, à moins qu'ils ne tombent sous le coup de la disposition de l'article 7, alinéa 4.

Les enfants naturels, non mariés, deviennent Français aux conditions fixées par l'article 3, alinéa 3, et sauf les dispositions de l'article 7, alinéa 4.

Art. 12. — Les individus qui acquièrent la qualité de Français dans les cas prévus par les articles 3 et 4, ou qui la recouvrent dans les cas prévus par l'article 11, ne peuvent s'en prévaloir que pour les droits ouverts à leur profit depuis cette époque.

Art. 13. — L'article 8 du Code civil, à partir des mots « sont

Français » et les articles 9, 10, 12, 13, 17, 18, 19, 20 et 21 du même Code, ainsi que la loi du 26 juin 1889, sont abrogés.

Les dispositions de l'article 7, alinéa 2, de la loi du 3 juillet 1917, sont abrogées en ce qui concerne les individus ayant servi dans les armées françaises ou alliées durant la période légale des hostilités.

### DISPOSITIONS TRANSITOIRES.

Art. 14. — *a*) Toute Française qui aura épousé un étranger antérieurement à la mise en vigueur de la présente loi peut, si elle réside habituellement depuis deux ans au moins en territoire français, recouvrer la nationalité française par une déclaration faite devant le juge de paix de son domicile ou, à défaut, de sa résidence, dans l'année de la promulgation de la présente loi.

Pendant la durée du mariage, cette faculté ne pourra être exercée qu'avec l'autorisation du mari et si le domicile conjugal est fixé sur le territoire national.

Toutefois, ces deux conditions ne seront pas exigées en cas d'absence, de disparition, d'incapacité légale du mari, en cas de séparation de corps ou si, les époux étant séparés de fait depuis un an, une instance en séparation de corps ou en divorce est déjà engagée.

Ces déclarations seront souscrites conformément aux dispositions de l'article 5 de la présente loi.

Leur enregistrement pourra être refusé pour cause d'indignité, conformément aux dispositions de l'article 3, alinéa 3.

Après l'expiration du délai susvisé, ou en l'absence des conditions précitées de domicile et de résidence, la femme ayant perdu la qualité de Française par suite de son mariage avec un étranger, ne peut être réintégrée que dans les termes de l'article 11 de la présente loi.

Les dispositions qui précèdent s'appliquent également aux Alsaciennes et Lorraines ayant épousé un ressortissant étranger avant le 11 novembre 1918 et qui, par suite de leur mariage, n'ont pas été réintégrées de plein droit dans la nationalité française, en vertu du § 1er de l'annexe à la section V, partie III, du traité de Versailles ;

*b*) La prise de service militaire à l'étranger, même antérieure à la promulgation de la présente loi, ne peut entraîner la déchéance de la qualité de Français, à moins que cette déchéance n'ait été constatée par une décision de justice passée en force de chose jugée;

c) Les étrangers naturalisés antérieurement à la promulgation de la présente loi ne sont frappés de l'inéligibilité prévue a l'article 6 qu'en ce qui concerne les Assemblées législatives.

Art. 15. — La présente loi est applicable à l'Algérie, ainsi qu'aux colonies de la Guadeloupe, de la Martinique et de la Réunion.

Continueront toutefois, en ce qui concerne les indigènes algériens, à recevoir leur application, même sur le territoire métropolitain, le sénatus-consulte du 14 juillet 1865 et la loi du 4 février 1919.

# ANNEXE II

## DÉCRET DU 10 AOUT 1927

Le Président de la République française,

Sur le rapport du garde des Sceaux, ministre de la Justice, du ministre des Affaires étrangères et du ministre des Colonies; — Vu la loi du 10 août 1927 sur la nationalité ; — Vu les articles 6, 7 et 11 relatifs à la naturalisation et à la réintégration dans la nationalité française (titre 1er); — Vu les articles 2 à 5 visant la souscription de déclaration de nationalité (titre II); — Vu l'article 8, suivant lequel peut être exercé le droit d'option de la femme lors de la célébration du mariage (titre III); — Vu l'article 14 déterminant les conditions dans lesquelles, pendant l'année suivant la promulgation de la présente loi, les Françaises ayant perdu leur nationalité par l'effet du mariage avec un étranger peuvent recouvrer leur qualité de Française (titre IV); — Vu l'article 13 portant abrogation des articles 8 à partir des mots « sont Français », 9, 10, 12, 13, 17, 18, 19, 20 et 21 du Code civil et des dispositions correspondantes de la loi du 26 juin 1889, ainsi que celles de l'article 7, alinéa 2, de la loi du 3 juillet 1917 en ce qui concerne les individus ayant servi dans les armées françaises ou alliées durant la période légale des hostilités; — Vu l'article 15, déterminant la portée d'application de la loi sur la nationalité,

Décrète :

## TITRE PREMIER

Art. 1er. — L'étranger qui veut obtenir la naturalisation, ou l'ex-Français qui sollicite sa réintégration dans la nationalité française doivent adresser au ministre de la Justice une demande rédigée sur papier timbré.

Lorsque l'intéressé est âgé de moins de vingt et un ans, sa

requête doit être contresignée par le parent investi de la puissance paternelle. En cas de décès de ses père et mère, ou d'impossibilité matérielle ou légale de rapporter leur consentement, l'impétrant doit produire l'avis de son conseil de famille.

Cette demande est déposée, soit à la préfecture du département où l'impétrant réside, soit, en cas de résidence de celui-ci à Paris ou dans le département de la Seine, à la préfecture de police.

L'intéressé doit joindre à sa requête les actes d'état civil et les pièces justificatives qui lui sont réclamées pour établir son identité, sa nationalité d'origine, sa situation de famille, sa profession et la durée de son séjour en France, ainsi que des attestations sur ses antécédents et sa moralité dans son pays d'origine ou dans tout pays étranger où il aurait séjourné.

Dans le cas où l'impétrant serait dans l'impossibilité de se procurer les actes d'état civil exigés, ceux-ci pourront être suppléés par un acte de notoriété délivré par le juge de paix dans la forme prescrite par l'article 71 du Code civil.

En outre, le ministre de la Justice peut dispenser l'intéressé de produire un acte de notoriété, si tel document, qui est en sa possession, paraît suffisamment probant pour établir son identité et sa situation de famille.

Art. 2. — Le préfet procède, d'office, en matière de naturalisation ou de réintégration dans la nationalité française, à l'enquête prescrite à l'article 6, alinéa 2, de la loi du 10 août 1927. Cette enquête doit porter tant sur la moralité et le loyalisme de l'impétrant que sur l'intérêt que la concession de la faveur sollicitée présenterait au point de vue national et social.

Lorsque l'enquête est terminée, le préfet transmet le dossier à la Chancellerie, en y joignant le bulletin n° 2 du casier judiciaire. Il émet un avis motivé sur la suite que l'affaire lui paraît comporter, en indiquant également le montant des droits de chancellerie qu'il conviendrait de laisser à la charge de l'impétrant.

## TITRE II

Art. 3. — Les déclarations souscrites devant le juge de paix ou les agents consulaires et diplomatiques, soit pour acquérir, soit pour répudier la qualité de Français, dans les cas prévus par les articles 2, 3, 4, 8 et 14 de la loi du 10 août 1927 et suivant les formes prescrites par l'article 5 de ladite loi, sont dressées en double exemplaire sur papier timbré.

Elles peuvent être faites par procuration spéciale et authentique. Le mineur doit être habilité dans les mêmes formes par le représentant légal, si celui-ci n'est pas présent à l'acte.

Le déclarant doit produire, à l'appui de sa déclaration, suivant les conditions déterminées à l'article 1er du présent décret, toutes les justifications relatives à son état civil, ou, le cas échéant, l'état civil de ses enfants, lorsque la déclaration est souscrite en leur nom.

Art. 4. — La demande de la femme du déclarant qui aura, sur interpellation dans l'acte, manifesté la volonté de s'associer à la déclaration de son mari, et d'obtenir la naturalisation ou la réintégration dans la nationalité française, est jointe à cette déclaration.

Art. 5. — Le juge de paix procède, en cas de déclaration souscrite pour acquérir la qualité de Français, par application de l'article 3 de la loi du 10 août 1927, à une enquête portant sur la moralité et le loyalisme du mineur intéressé, s'il est âgé de plus de quinze ans. Il annexe au dossier le bulletin n° 2 de son casier judiciaire.

Dans l'hypothèse prévue à l'article 4 précité, le juge de paix émet également un avis sur la suite que la requête de la femme lui paraît devoir comporter, en joignant au dossier le bulletin n° 2 de son casier judiciaire.

Art. 6. — Les deux exemplaires de la déclaration et les pièces justificatives sont immédiatement adressés, par le juge de paix, au procureur de la République qui les transmet, sans délai, au ministre de la Justice, après avoir joint son avis à celui du magistrat cantonal sur l'opportunité de l'enregistrement dans les hypothèses fixées à l'article 5.

Art. 7. — L'un des deux exemplaires de la déclaration enregistrée à la Chancellerie est déposé dans ses archives, l'autre est renvoyé au déclarant, avec la mention de l'enregistrement.

## TITRE III

Art. 8. — Lorsqu'un Français épouse une femme étrangère, l'officier d'état civil se fait remettre par la future épouse, sauf dispenses accordées par le procureur de la République, avec les pièces nécessaires au mariage, un certificat de coutume précisant au regard de sa loi nationale les effets du mariage contracté avec un étranger sur la nationalité de la femme.

Si l'intéressée n'acquiert pas nécessairement en conformité de son statut la nationalité de son mari et si, par application de l'article 8 de la loi sur la nationalité, elle manifeste l'intention d'acquérir la nationalité française, elle doit souscrire dans ce but, avant la célébration du mariage, une déclaration devant l'officier d'état civil.

Cette déclaration est établie en double exemplaire. L'un des exemplaires est remis à l'intéressée, l'autre est adressé, avec une expédition de l'acte de mariage à la Chancellerie, par l'intermédiaire du procureur de la République pour être déposé dans ses archives.

Art. 9. — En cas de mariage contracté en France par une Française avec un étranger, l'officier d'état civil invite le futur époux à produire, sauf dispenses accordées par le procureur de la République, avec les pièces constituant le dossier du mariage, un certificat de coutume attestant que la future épouse est susceptible d'acquérir ou acquiert nécessairement par l'effet du mariage la nationalité de son mari, ainsi qu'une déclaration écrite relative à la situation du domicile conjugal après la célébration du mariage.

Dans l'hypothèse de l'établissement du domicile conjugal en France et si la femme doit ou peut acquérir la nationalité du mari, suivant le statut étranger de ce dernier, l'officier d'état civil avertit la future épouse que, par application de l'article 8, § 2, de la loi du 10 août 1927, elle conserve la nationalité française, à moins qu'elle ne déclare expressément vouloir acquérir, en conformité de la loi nationale de son mari, la nationalité de celui-ci. Si la femme manifeste cette volonté, elle doit souscrire une déclaration suivant les conditions et les formes prévues à l'article précédent. Cette déclaration doit spécifier, à peine de nullité, la nationalité que la future épouse a entendu acquérir.

Art. 10. — Lorsque l'étrangère, qui épouse un Français hors de France, n'acquiert pas nécessairement, par l'effet du mariage, conformément à son statut, la nationalité de son mari, et qu'elle entend réclamer la qualité de Française, conformément à l'article 8 de la loi du 10 août 1927, elle doit effectuer une déclaration dans ce but, avant la célébration du mariage, devant un agent diplomatique ou consulaire français.

L'intéressée produit, avec son acte de naissance, le certificat de coutume visé à l'article 9 du présent décret.

La déclaration est dressée en trois exemplaires, dont l'un est déposé dans les archives de l'ambassade, de la légation ou du consulat où l'acte a été reçu, et dont les deux autres sont remis, l'un à l'intéressée et l'autre adressé à la Chancellerie avec une expédition de l'acte de mariage.

Art. 11. — En cas de mariage contracté hors de France par une Française avec un étranger, si le premier domicile conjugal est fixé, après la célébration du mariage, en France, la future épouse doit, avant la célébration du mariage, lorsqu'elle entend réclamer la nationalité de son mari, conformément à la loi nationale de celui-ci, souscrire la déclaration prévue à l'article précédent, devant un agent diplomatique ou consulaire français.

Elle doit produire, avec son acte de naissance, un certificat de coutume attestant que la femme mariée est susceptible d'acquérir ou acquiert nécessairement, par l'effet du mariage, la nationalité de son mari.

L'acte est dressé suivant les formes prévues à l'article précédent.

. . . . . . . . . . . . . . . . . . . . .

# TITRE IV

Art. 12. — En cas de déclaration souscrite pour recouvrer la qualité de Française, en vertu de l'article 14 de la loi du 10 août 1927, par une femme ayant perdu cette qualité par l'effet du mariage, le juge de paix doit exiger de la déclarante, en outre des justifications relatives à son état civil et à son origine, un certificat de coutume constatant qu'elle possède la nationalité de son mari acquise par l'effet du mariage. La femme alsacienne ou lorraine qui invoque le bénéfice du même article doit, dans les mêmes conditions, justifier de son origine ou de son statut actuel.

Au cours du mariage, l'intéressée doit être assistée par son mari qui, s'il n'est pas présent à l'acte, doit donner à son épouse une autorisation spéciale, par acte authentique.

En cas d'absence, d'incapacité légale du mari, ou de séparation de corps, l'intéressée, qui peut souscrire la déclaration sans aucune autorisation, doit produire le titre qui établit sa capacité.

Si le mari a disparu, le fait de la disparition doit être établi par l'enquête à laquelle le juge de paix fera procéder, conformément aux dispositions de l'article 5 du présent règlement, sur la moralité et le loyalisme de la déclarante.

Si les époux étant séparés de fait depuis un an, une instance en séparation de corps ou en divorce est déjà engagée, la situation doit être prouvée tant par l'enquête que par une attestation d'un avoué occupant dans l'instance sur l'état de la procédure en cours.

Le bulletin n° 2 du casier judiciaire de la déclarante est annexé au dossier de celle-ci avant sa transmission au parquet.

Art. 13. — Le garde des Sceaux, ministre de la Justice, le ministre des Affaires étrangères et le ministre des Colonies sont chargés, etc.

# ANNEXE III

## INSTRUCTIONS DU 13 AOUT 1927

La loi sur la nationalité du 10 août 1927, promulguée le 14 août 1927 au *Journal officiel*, est substituée aux divers articles du chapitre I du livre I$^{er}$, titre I$^{er}$, du Code civil visant la jouissance et la privation des droits civils, qu'elle abroge expressément, ainsi que les dispositions de la loi du 26 juin 1889, dans son article 13.

Dans la forme elle constitue désormais, à l'instar de la plupart des législations étrangères, un code spécial de la nationalité française, dont la méthode de rédaction l'emporte en simplicité et en clarté sur les textes épars naguère dans les chapitres du titre I$^{er}$ du livre I$^{er}$ du Code civil, parmi les dispositions qui concernent également la jouissance des droits civils proprement dite.

Cette modification du cadre de l'instrument législatif, qui détermine les éléments constitutifs de la nation française, est essentielle, au point de vue de l'interprétation, de la nature et des rapports de droit qui y sont visés : en effet, en extrayant du Code civil la réglementation de ces rapports, le législateur en a plus nettement reconnu, suivant la logique admise par les chambres réunies de la Cour de cassation, le rattachement au droit public. L'importance fondamentale de la matière se trouve aussi plus clairement signalée aux agents de l'Etat, qu'ils appartiennent à l'ordre judiciaire ou à l'ordre administratif.

Cependant, l'esprit de la loi n'a peut-être pas subi la transformation radicale de la forme. Le législateur de 1927 s'est borné, en prenant acte de la situation démographique du pays et de l'importance du mouvement d'immigration, à accentuer la tendance des auteurs de la loi de 1889 et même des législateurs précédents depuis les rédacteurs du Code civil de 1803, en incorporant de droit et d'office dans la nation tous les éléments d'origine étrangère vraiment assimilables, et susceptibles de s'y fondre rapidement à la deuxième génération, tant en raison de la naissance et de l'éducation sur le même sol de France, que d'une consanguinité fréquente de race et des alliances avec des familles françaises.

Les statistiques annuelles de la Chancellerie autorisent à affirmer que le nombre des fils d'étrangers nés en France, qui n'ont pas accepté lors de leur majorité la nationalité française que la loi leur offrait, n'a jamais dépassé un vingtième depuis quarante ans. La détermination de la nationalité française à titre originaire et par le bienfait de la loi *jure soli* combiné avec le *jus sanguinis* dont le principe n'avait été que timidement posé par les rédacteurs du Code civil, puis avait été confirmé et aggravé par les auteurs des lois des 7 février 1851 et 26 juin 1889, peut être considérée, au point de vue français, comme une conception rationnelle, à laquelle les faits ont donné pleinement raison.

Sur le terrain de la nationalité française fixée à titre originaire, la nouvelle loi du 10 août 1927 n'innove, somme toute, sérieusement que sur un point. La nationalité française de la mère n'était pas prise en considération jusqu'à ce jour, lorsqu'on se trouvait en présence d'un enfant légitime né en France : il n'en sera plus ainsi désormais, puisque aux termes de l'article 1er, § 3, est Français : « tout enfant légitime né en France d'une mère française ». Cette disposition législative nouvelle peut être considérée comme le corollaire du droit laissé à la femme française de conserver la nationalité d'origine, en dépit du mariage avec un étranger ; il a paru logique que l'enfant né, et, le plus souvent élevé, en France, près d'un foyer français — celui de ses parents maternels — fût rattaché définitivement à la nationalité à laquelle ses préférences doivent normalement aller.

De même, les grandes lignes du système d'acquisition de la nationalité française par le bienfait de la loi, c'est-à-dire par la simple manifestation de volonté des intéressés nés en France, ont été maintenues. La technique du système est simplement perfectionnée, aussi bien dans l'intérêt de l'Etat que de l'individu.

Dans ces conditions, la naturalisation proprement dite, faveur arbitrairement concédée par le Gouvernement, devra demain être considérée encore, ainsi que sous l'empire de la législation antérieure, comme un mode essentiellement subsidiaire d'acquisition de la nationalité française par les éléments d'origine étrangère. Les fils d'étrangers, s'ils sont nés en France, deviendront, de même que dans le passé, Français de plein droit sans manifestation expresse de volonté, ou en remplissant les formalités très simples et peu coûteuses afférentes aux déclarations de nationalité. Cette catégorie d'éléments d'origine étrangère est celle dont l'assimilation continue à être plus désirable — nous dirons même — la plus nécessaire.

Sur le caractère de la naturalisation de droit commun, nous devons rappeler, pour marquer une importante modification de principe intervenue, qu'elle apparaissait dans notre législation antérieure à 1889 comme une faveur purement individuelle, qui donnait simplement aux enfants du bénéficiaire quelques facilités pour obtenir la nationalité française dans l'année de leur majorité — conception d'ailleurs conforme aux notions préconisées par les doctrinaires suivant lesquels tout rapport de droit, en matière de nationalité, avait une base consensuelle. Mais le législateur de 1889 avait déjà réagi contre cette doctrine, en prévoyant les effets collectifs de la naturalisation du chef de famille au regard des enfants mineurs, sous réserve toutefois de la faculté de répudiation accordée à ces derniers dans l'année de leur majorité (art. 12, § 3).

Le législateur de 1927, marquant le terme de l'évolution, dictée par la logique des circonstances, consacre enfin le principe des effets collectifs définitifs de la naturalisation du chef de famille à l'égard de ses enfants.

D'autre part, les formalités relatives à l'institution avaient déjà été simplifiées en 1889. C'est ainsi que l'intervention du Conseil d'État, qui constituait un anachronisme, si on en discernait l'origine se rapportant au rôle législatif de la Haute Assemblée, avait été supprimée, et que la simple résidence décennale avait été substituée dans la plupart des cas, comme condition de la naturalisation, à la procédure compliquée résultant des deux stages obligatoires de l'admission à domicile et de la naturalisation. En outre, aucune publicité spéciale, aucune intervention d'un organisme consultatif, n'avaient été prévues par la loi du 26 juin 1889 ; ce système d'une procédure très simplifiée est maintenu par le droit nouveau (art. 6).

Mais la réduction à un ou trois ans du stage préalable à la naturalisation, qui entraîne, à titre de corollaire, la suppression de l'inutile formalité de l'admission à domicile, si elle ne modifie pas l'essence de l'institution elle-même, en transforme en revanche l'esprit. Certes, la concession du droit de cité, au titre de naturalisation proprement dite, demeurera sous l'empire de la nouvelle législation une faveur que le Gouvernement aura la faculté de refuser à tout impétrant, même remplissant les conditions légales d'âge ou de résidence. Cependant, il n'est pas douteux que le stage prolongé et ininterrompu de dix ans impliquait, dans la loi d'hier, que l'assimilation de droit ne pouvait que suivre l'assimilation de fait. Ce point de vue a subi une modification profonde, ce semble, de la part du législateur de 1927. Il a entendu, en présence d'un mouvement exceptionnellement important d'immigration, protéger le pays contre la cristallisation de noyaux étrangers dans certaines régions de la France — noyaux qui seraient susceptibles de constituer un véritable péril pour la nation à certaines heures de son existence, notamment lors d'une mobilisation. Il ne s'agirait donc rien moins désormais que de poursuivre parallèlement l'assimilation de droit et de fait d'étrangers immigrés. La tâche de l'Administration deviendra ainsi autrement délicate que celle qui incombait naguère, sous l'empire de l'ancienne loi, aux préfectures et à la Chancellerie. Aux diagnostics d'hier des pronostics devront être parfois substitués demain. Mais, en observant le vœu du législateur, la pratique n'oubliera pas, d'une part, que le droit à la naturalisation proprement dite n'existe pas, et qu'il ne suffit pas de remplir les conditions légales pour être jugé digne d'être Français; d'autre part, que ce mode d'acquisition de la nationalité française n'est, dans notre droit, qu'un mode essentiellement subsidiaire d'absorption des éléments d'origine étrangère.

D'ailleurs, il a semblé au législateur lui-même qu'en réduisant dans de notables proportions le délai du stage préalable à la naturalisation, il devait mieux défendre désormais l'Etat contre les naturalisations frauduleuses, dont le danger serait désormais rendu plus grand que dans le passé, par l'effet même de cette réduction du stage.

C'est ainsi que la nécessité de l'institution d'une procédure permanente de déchéance judiciaire de la nationalité française contre les étrangers naturalisés lui est apparue (art. 9, §§ 5 et 10 de la loi)...

Cependant, pour terminer cette esquisse de l'économie générale de la nouvelle loi sur la nationalité, il convient d'insister encore sur l'innovation essentielle qu'elle a introduite dans notre droit. Le mariage exerçait dans la législation d'hier, sous la seule réserve d'éviter un cas d'heimatlosat (art. 19 du Code civil), une influence radicale sur la nationalité de la femme, dans les deux hypothèses du mariage d'une Française avec un étranger ou d'une étrangère avec un Français.

Depuis longtemps un important mouvement d'opinion réclamait le droit pour la Française, mariée avec un étranger, de conserver sa nationalité, — mouvement s'inspirant non seulement de considérations théoriques sur le droit de la femme, mais aussi de vues pratiques sur la pléthore de femmes mariées avec des Français sur le sol de France qu'elles ne quittaient pas, dont la vie civile se trouvait ainsi entravée dans leur pays d'origine par la perte de leur nationalité, bien qu'elles fussent mères le plus souvent d'enfants français.

Sous des modalités qui seront analysées plus loin, et dans un esprit de logique juridique et d'équité qui lui fait le plus grand honneur, car un certain nombre de lois récentes étrangères en manquent complètement sur ce point particulier, le législateur de 1927 prévoit qu'aussi bien, les femmes étrangères mariées avec des Français, que les Françaises mariées avec des étrangers conserveront, en principe, leur nationalité d'origine, sauf manifestation contraire de volonté de leur part.

Tels sont les traits caractéristiques de la nouvelle législation : après les avoir signalés, nous en analyserons en détail les dispositions, en insistant sur chacune des innovations et en suivant le plan méthodique de la loi.

I

**Détermination de la nationalité française à titre originaire.**

A. — Qui est désormais Français de naissance et sans faculté d'option ultérieure pour une autre nationalité ?

La loi répond à l'article 1$^{er}$.

« § 1$^{er}$. — *Tout enfant légitime né d'un Français en France ou à l'étranger* ».

C'est le principe initial du Code civil (art. 8, § 1$^{er}$), maintenu par la nouvelle loi.

« § 2. — *Tout enfant légitime né en France d'un père qui y est lui-même né* ».

C'est le système instauré par la loi du 26 juin 1889, modifiée par la loi du 22 juillet 1893.

« § 3. — *Tout enfant légitime né en France d'une mère française* ».

Dans la législation antérieure, la qualité de Française de la mère, soit qu'elle la possédât encore lors de la naissance de l'enfant, soit qu'elle l'eût seulement perdue par l'effet du mariage avec le père étranger, n'exerçait aucune influence sur la nationalité de l'enfant. Sans doute, dans beaucoup de cas, l'enfant né en France d'une mère qui elle-même y était née, Français sous faculté de répudiation, se trouvait également être fils d'une Française. Mais, si la mère née en France était étrangère d'origine, l'effet de la double naissance sur le sol de France était identique, tandis que si la mère, Française d'origine, était née en territoire étranger, sa nationalité n'était pas prise en considération pour la détermination de la nationalité de l'enfant lors de sa naissance.

D'ailleurs, il convient de préciser que c'est lors de cette naissance que la qualité de Française doit désormais être exigée chez la mère de l'enfant né en France, pour que l'article 1$^{er}$, § 3, s'applique. Cette situation pourra être fréquente, lorsque, conformément à l'article 8 de la loi, la femme française aura conservé, en épousant un étranger, sa propre nationalité.

Mais le texte doit s'appliquer également, dans les hypothèses où, même antérieurement à la promulgation de la nouvelle loi, l'enfant serait né en France d'une mère qui n'aurait pas perdu la qualité de Française, par application des dispositions combinées de l'article 19 du Code civil et de la loi nationale du mari, pourvu que cet enfant ait été encore mineur lors de la mise en vigueur de la législation actuelle.

En effet, il n'y a pas lieu de faire application à cette situation des dispositions de l'article 2 du Code civil sur la non rétroactivité des lois, attendu que le caractère d'ordre public d'une loi sur la nationalité exige que tous rapports de droit concernant cette matière en subissent la réglementation, dès lors qu'il n'y a pas droit acquis.

Au contraire, il y aurait droit acquis s'il s'agissait d'un individu âgé de plus de vingt et un ans, âge auquel, d'après les principes de notre droit sur la nationalité, la qualité de Français ou d'étranger, possédée à titre originaire, doit être définitivement fixée à l'égard d'un individu déterminé. En conséquence, l'enfant âgé de plus de vingt ans lors de la publication de la loi, né en France d'une mère française née à l'étranger, et domicilié à l'étranger, lors de sa majorité, ou né en France, d'une mère française née elle-même en France, qui aurait décliné la qualité de Français dans le cours de sa vingt-deuxième année, avant la mise en vigueur de la présente loi, devrait être considéré comme étranger par application des principes de l'ancienne législation.

Par application du même principe, l'individu qui se trouve être dans le cours de sa vingt-deuxième année, lors de la publication de la loi, peut exercer le droit de répudiation de la nationalité française qui lui appartenait antérieurement.

« § 4. — *Tout enfant naturel dont la filiation est établie, pendant la minorité, par reconnaissance ou par jugement, lorsque celui des parents à l'égard duquel la preuve a d'abord été faite est Français.*

» *Si la filiation résulte à l'égard du père et de la mère du même acte ou du même jugement, l'enfant suit la nationalité française de son père.*

» *La légitimation d'un enfant mineur lui donne, s'il ne l'a déjà, la nationalité française de son père* ».

Les principes posés par les deux premiers alinéas du § 4 sont ceux du Code civil (art. 8, § 1er, al. 2) : ils ont été maintenus par la loi.

Le législateur a jugé, en outre, utile, afin de mettre fin à une controverse instituée en doctrine et en jurisprudence, de spécifier que « *la légitimation d'un enfant mineur lui donne, s'il ne l'a déjà, la nationalité française de son père* ».

En rétablissant ainsi l'harmonie sur ce point entre la loi sur la nationalité et la législation civile, le législateur a modifié l'état de droit antérieur, tel que, du moins, il était interprété par la jurisprudence.

Conformément au principe posé ci-dessus, au sujet de l'interprétation du § 3, le § 4, alinéa 3, de l'article 1er doit s'appliquer aux enfants encore mineurs, même légitimés antérieurement à la mise en vigueur de la présente loi.

Il convient aussi de préciser que le texte doit être interprété dans le sens que la légitimation d'un enfant par son père étranger est susceptible de lui conférer l'extranéité.

« § 5. — *Tout enfant naturel, né en France, lorsque celui de ses père et mère, dont il devrait suivre la nationalité, aux termes du § 4, alinéa 1er, est lui-même né en France* ».

Le Code civil admettait tacitement cette règle de droit ; il a paru nécessaire de la spécifier.

« § 6. — *Tout enfant naturel, né en France, lorsque celui de ses parents dont il ne doit pas suivre la nationalité, aux termes de la disposition précitée, est Français* ».

Cette disposition est le corollaire de l'innovation résultant du § 3, visant l'enfant né en France d'une Française.

« § 7. — *Tout individu né en France de parents inconnus ou dont la nationalité est inconnue* ».

C'est le principe du Code civil (art. 8, § 2).

B. — Qui est désormais Français dès sa naissance et conserve néanmoins le droit d'option dans l'année de sa majorité?

« Art. 2, alin. 2 et 3. — 1° *Tout enfant légitime né en France d'une mère étrangère qui y est elle-même née;*

» 2° *Tout enfant naturel né en France de parents étrangers, lorsque celui dont il ne devrait pas suivre la nationalité, aux termes de l'article 1$^{er}$, est lui-même né en France* ».

Ce sont les enfants que visait le § 3, n°$^s$ 1 et 2, de l'article 8 du Code civil, modifié par la loi du 22 juillet 1893. Mais, sous l'empire de la législation antérieure, les textes précités s'appliquaient à la double naissance de l'ascendant et de l'enfant sur le territoire français, quelle que fût la nationalité de cet ascendant, tandis que dans le droit actuel, la qualité de Français chez celui-ci, confère la nationalité française au descendant sans faculté de répudiation.

« Alin. 4. — *Pour être admis à répudier la qualité de Français, l'intéressé devra prouver, par une attestation en due forme de son gouvernement, annexée à sa déclaration, qu'il a conservé la nationalité de ses parents; le cas échéant, il devra produire, en outre, un certificat constatant qu'il a satisfait à la loi militaire dans son pays, sauf les exceptions prévues aux traités* ».

Les justifications de la possession d'une nationalité étrangère pour que le droit d'option puisse être exercé en sa faveur, sont donc exigées dans les mêmes conditions qu'antérieurement.

« Alin. 5. — *La faculté de répudiation cesse :*

» a) *Si, au cours de la minorité de l'enfant, le père ou la mère survivant de l'enfant légitime, le parent survivant de l'enfant naturel ou le parent dont ce dernier suit la nationalité, ont été naturalisés ou* réintégrés ».

Cette exception est la conséquence rigoureusement logique des effets collectifs définitifs résultant de la naturalisation du chef de famille.

« b) *Si une déclaration a été souscrite, suivant les formes prévues à l'article 5, en vue de renoncer à cette faculté, soit par le mineur âgé de plus de seize ans, habilité dans les conditions déterminées à l'article 3, alinéa 2, soit en son nom avant cet âge ».*

Cette disposition est la reproduction de l'article 20, § 2, du Code civil, qui avait été modifié par la loi du 5 avril 1909.

« *c) Si le mineur a participé volontairement aux opérations du recrutement, en conformité des dispositions des lois militaires ».*

Ce texte met en harmonie le droit sur la nationalité et la loi sur le recrutement de l'armée, qui autorise les fils d'étrangers nés en France à participer aux opérations du recensement avec les jeunes gens de leur classe, en souscrivant, à partir de l'âge de dix-huit ans, une déclaration d'intention de devenir Français (art. 12 de la loi du 1er avr. 1923).

Mais les dispositions de l'article 2 « *ne sont pas applicables aux enfants nés en France des agents diplomatiques et des consuls de carrière de nationalité étrangère, qui, s'ils y sont domiciliés, auront la faculté, à partir de l'âge de seize ans, jusqu'à l'âge de vingt-deux ans accomplis, de réclamer la qualité de Français aux conditions fixées par l'article 3 »*, c'est-à-dire en souscrivant une déclaration de nationalité devant le juge de paix de leur domicile.

Cet alinéa final de l'article 2 confirme une pratique administrative constante, dont la légalité était douteuse, et met fin à une controverse divisant la doctrine et l'administration.

## II

**Acquisition de la nationalité française de plein droit postérieurement à la naissance sur la demande formelle de l'intéressé ou en conformité de sa volonté implicite** (art. 3 et 4).

(Bienfait de la loi.)

Cas de l'enfant né en France de parents l'un et l'autre étrangers et nés hors de France (art. 3 et 4).

Le Code civil, modifié par la loi du 26 juin 1889, maintenait à l'enfant né en France de parents étrangers nés tous deux hors de France, la qualité d'étranger jusqu'à l'âge de vingt et un ans.

Suivant qu'il était ou non domicilié lors de sa majorité sur le territoire de la République, il acquérait ou non la qualité de Français. Domicilié, il pouvait d'ailleurs décliner la qualité de Français (art. 8, § 4, du Code civil). Non domicilié, il avait encore la faculté, jusqu'à l'âge de vingt-deux ans accomplis, de faire sa soumission de fixer son domicile en France dans le cours de sa vingt-troisième année, et, dans le cas où il l'y établissait dans ce délai, de réclamer la qualité de Français par une déclaration soumise à l'enregistrement au ministère de la justice (art. 9).

Au cours même de la minorité, l'acquisition prématurée de la nationalité française pouvait s'effectuer par l'organe des représentants légaux qui souscrivaient devant le juge de paix la déclaration de nationalité au nom de l'enfant ou du pupille (art. 9, § 10).

Diverses modifications ont été apportées aux règles posées par les anciens articles 8 § 4 et 9 du Code civil; toutefois le principe essentiel d'acquisition de plein droit de la nationalité française par l'individu né en France de parents nés tous deux hors de France, pourvu qu'il soit domicilié sur le territoire de la République, est maintenu :

A. — L'article 3 de la loi envisage d'abord le cas du mineur qui réclame la qualité de Français. Les alinéas 1er et 2 sont ainsi conçus :

« *Peut, jusqu'à l'âge de vingt et un ans accomplis, devenir Français, tout individu né en France d'un étranger et domicilié en France, qui déclarera réclamer la qualité de Français.*

» *S'il est âgé de plus de seize ans, le déclarant doit être autorisé par le parent investi de la puissance paternelle ou, le cas échéant, par son tuteur, après avis conforme du conseil de famille. S'il est âgé de moins de seize ans, la déclaration peut être souscrite en son nom par son représentant légal, déterminé comme ci-dessus* ».

Tandis que l'article 9, § 10 ancien, du Code civil, prévoyait que la déclaration était souscrite par le représentant légal, quel que fût l'âge du mineur intéressé, celui-ci intervient désormais à l'acte s'il a atteint l'âge de seize ans. Dans le cas contraire, le système actuel est maintenu. La déclaration est souscrite par le représentant légal.

La formule par laquelle est déterminée la représentation légale a été légèrement modifiée et simplifiée, mais les principes essentiels sont maintenus.

Aux termes de l'alinéa 3 de l'article 3 « *l'enregistrement de la déclaration, souscrite conformément à l'article 5 ci-après, peut être refusé pour cause d'indignité. En ce cas, il est statué par décret rendu sur avis conforme du Conseil d'État. Le déclarant, dûment appelé, a la faculté de produire des pièces et mémoires. La décision doit intervenir six mois au plus après la déclaration, ou, si la régularité de celle-ci a été contestée, six mois au plus après le jour où le jugement, qui en a admis la régularité, est devenu définitif ».*

De même que sous l'empire de la législation antérieure, l'enregistrement de la déclaration peut donc être refusé pour cause d'indignité par décret rendu sur avis conforme du Conseil d'État. Mais la décision doit intervenir désormais dans un délai de six mois au lieu de trois mois. Le délai antérieur, beaucoup trop court, mettait en quelque sorte l'Administration dans l'impossibilité d'exercer sa prérogative.

L'alinéa 4 du présent article prévoit, d'autre part, que « *la participation volontaire aux opérations du recrutement, dans les conditions déterminées par les lois militaires pour les fils d'étrangers nés en France et, sous réserve de l'habilitation prévue à l'alinéa 2, tient lieu de la déclaration visée à l'alinéa 1ᵉʳ. L'inscription sur les listes de recensement peut être refusée par le préfet, pour cause d'indignité, sur avis conforme émis par le Conseil d'État* ».

Suivant l'article 9, § 11, du Code civil, le mode d'acquisition de la qualité de Français prévu à l'alinéa ci-dessus n'était accessible qu'à des majeurs. Il constituait en outre une anomalie en ce sens qu'il prévoyait l'acquisition de la nationalité française au moyen d'une inscription sur les tableaux de recensement contraire aux dispositions de la loi sur le recrutement. Par contre, l'alinéa 4 de l'article 3 réalise l'harmonie entre les dispositions de l'article 22 de la loi du 1ᵉʳ avril 1923 sur le recrutement de l'armée et le droit sur la nationalité.

Toutefois, il a paru nécessaire d'éviter que l'indésirable ne puisse, par ces moyens détournés, se soustraire aux effets de la procédure du refus d'enregistrement pour cause d'indignité, spéciale aux déclarations de nationalité : c'est ainsi que, dans cette hypothèse, le pouvoir conféré au Gouvernement de prendre un décret sur avis conforme du Conseil d'État a été transféré au préfet, auquel appartient le contrôle des listes du recensement. Mais l'intéressé trouvera dans cette procédure la même garantie de l'intervention de la Haute Assemblée.

Le dernier alinéa de l'article 3 prévoit que les dispositions n'en « *sont pas applicables à l'individu contre lequel a été pris un arrêté d'expulsion dont les effets n'ont pas été suspendus* ».

Ce texte constitue une innovation essentielle : ainsi, le bénéfice des dispositions ci-dessus ne saurait désormais être invoqué par l'individu expulsé. Or, on sait qu'une jurisprudence constante de la Cour de cassation avait, sous l'empire de l'ancienne législation, décidé que l'Etat ne pouvait, par une mesure de police, mettre obstacle à l'accomplissement des conditions auxquelles la loi subordonnait pour un individu l'acquisition de la qualité de Français de plein droit. Cependant, on ne pouvait affirmer, dans cette hypothèse, que la présomption d'établissement en France de l'intéressé qui justifiait l'existence de textes, tels que ceux de l'article 8, § 4, ou de l'article 9 du Code civil, pût être admise.

B. — Cette exclusion du bénéfice de l'acquisition de la nationalité française par le bienfait de la loi, en ce qui concerne l'individu expulsé, est surtout nécessaire dans le cas prévu par l'article 4 de la loi, qui reproduit les termes de l'article 8, § 4 ancien, du Code civil, en édictant que « *devient Français à l'âge de vingt et un ans, s'il est domicilié en France, tout individu né en France d'un étranger à moins que, dans l'année qui suit sa majorité, il n'ait décliné la qualité de Français en se conformant aux prescriptions de l'article 2* ».

Jusqu'à l'âge de vingt et un ans, cet individu, s'il n'a pas manifesté expressément, lui-même ou par ses représentants légaux, l'intention de devenir Français en souscrivant une déclaration acquisitive de nationalité française ou en participant aux opérations du recensement, demeure un étranger : il est, par conséquent, susceptible d'être expulsé et, conformément à la réserve édictée à l'alinéa final de l'article 4, il ne peut légalement invoquer le bénéfice de la qualité de Français acquise par le simple établissement de la résidence en France à l'âge de la majorité.

L'article 4 n'est pas davantage applicable « *aux enfants nés en France des agents diplomatiques et des consuls de carrière de nationalité étrangère qui auront la faculté de réclamer la qualité de Français aux conditions fixées à l'article 3* ».

C. — Sur la forme des déclarations de nationalité, à laquelle l'article 5 de la loi, qui reproduit certains alinéas de l'ancien article 9 du Code civil, est spécialement consacré, il convient seulement de signaler dans ce commentaire général que le délai imparti à la Chancellerie pour refuser l'enregistrement de l'acte pour cause d'irrégularité est porté de deux à trois mois.

Cet article 5 est ainsi rédigé :

« *Toute déclaration souscrite, soit en vue d'acquérir, soit en vue de répudier la qualité de Français, est reçue par le juge de paix du canton dans lequel le déclarant a son domicile ou, à défaut, sa résidence. En cas de résidence à l'étranger, elle est souscrite devant les agents diplomatiques et consulaires.*

» *A défaut d'être enregistrée au ministère de la Justice, la déclaration sera considérée comme non avenue.*

» *Elle doit, après enregistrement, être insérée au Bulletin des lois. Néanmoins, l'omission de cette formalité ne peut préjudicier aux droits du déclarant.*

» *L'enregistrement est refusé si le déclarant n'est pas dans les conditions requises par la loi. Ce refus et ces motifs sont, dans le délai de trois mois à partir de la déclaration, notifiés au déclarant, qui a droit de se pourvoir devant les tribunaux civils, conformément aux articles 855 et suivants du Code de procédure civile.*

» *A défaut de cette notification, et lorsque le délai ci-dessus sera expiré, le ministre de la Justice doit, à moins qu'il ne conteste la déclaration pour cause d'indignité, remettre au déclarant, sur sa demande, une copie de sa déclaration, avec mention d'enregistrement.*

» *La déclaration, dûment enregistrée, prend effet à partir du jour où elle a été souscrite* ».

## III

### A. — Naturalisation.

#### Conditions.

Logiquement, deux stades successifs devraient être envisagés dans l'œuvre d'assimilation des étrangers fixés sur un territoire quelconque. A l'assimilation de fait devrait seulement succéder une assimilation de droit intervenant sous forme de concession du droit de cité. D'ailleurs, telle était la conception dont la législation d'hier sur la nationalité s'inspirait. Elle répondait heureusement aux nécessités de l'ordre public et de la conservation nationale dans la période antérieure à la guerre 1914-1918. Cependant, l'importance de la question démographique, dans un pays où la population autochtone ne s'accroît pas, commande impérieusement une politique rationnelle d'assimilation des éléments étrangers fixés sur le territoire de la République à la suite d'un important mouvement d'immigration, ne serait-ce que pour mettre obstacle, dans certaines régions de la France où la dépopulation progresse, à la constitution de groupements étrangers et homogènes, qui, se perpétuant sous la surveillance d'un représentant ou agent de leur nation d'origine, seraient légitimement considérés comme un danger pour la vie et la sécurité du pays.

En présence du péril ci-dessus signalé et aussi en raison même de l'accès contrôlé sur notre territoire d'un grand nombre de travailleurs de l'usine ou de la terre, ressortissant en majorité à des nations de races sœurs, dont les éléments paraissent particulièrement assimilables — Italiens, Belges, Espagnols —, il a semblé légitime désormais d'envisager le parallélisme de l'œuvre d'assimilation de fait et de droit : celle-ci pourrait, dans de nombreux cas, en soustrayant définitivement à la tutelle de représentants ou d'agents de gouvernements étrangers leurs ressortissants en France, et au moyen de la fréquentation de l'école purement française et de l'assujettissement au service militaire, assurer l'absorption plus complète et parfaite des éléments étrangers dans la nation.

Pour réaliser pleinement ce but, le législateur de 1927 a pensé qu'il convenait non seulement de réduire les délais de stage en France préalables à la naturalisation et d'abaisser l'âge légal, mais aussi de ne pas multiplier les formalités dont l'excès peut rebuter les intéressés Selon l'expression de M. le sénateur Lisbonne, « la simplicité dans l'instruction des demandes n'exclut pas la sévérité dans leur examen ».

L'article 6 de la loi nouvelle, consacré à la naturalisation de droit commun, après avoir posé le principe qu' « *acquièrent la qualité de Français les étrangers naturalisés* », dispose simplement que « *la naturalisation est accordée par décret rendu après enquête sur l'étranger* ». Aucune publicité spéciale n'est prévue, aucune intervention d'un organisme consultatif ne se produira ; somme toute, c'est le système de l'article 8, § 5, du Code civil qui est maintenu.

Nous rappelons qu'un règlement en date du 6 décembre 1923 a prescrit que les décrets accordant la réintégration et l'admission à domicile, qui étaient auparavant publiés au *Bulletin des lois*, seraient insérés désormais au *Journal officiel*. C'est à partir de cette publication que la naturalisation produit ses effets et que le délai de deux mois du pourvoi pour excès de pouvoir ou violation de la loi devant le Conseil d'Etat commence à courir. Il en sera de même du point de départ du délai de dix ans afférent à l'action en déchéance de nationalité française, prévue par les articles 9 §§ 5 et 10, de la loi.

En ne précisant même pas l'objet sur lequel l'enquête doit porter, contrairement à la rédaction antérieure, le législateur a « entendu laisser au gouvernement le soin de donner les instructions les plus larges pour lui permettre d'être utilement renseigné, non seulement sur la moralité de l'étranger, mais sur toutes les circonstances qui peuvent le rendre ou non désirable » (Rapport de M. Lisbonne, p. 8).

A ce point de vue, il n'est pas de naturalisation qui soit plus souhaitable que celle de l'individu qui, sans être né en France, a pu y être élevé et désire y accomplir son service militaire.

En disposant que : « *Peuvent être naturalisés, sous réserve d'autorisation expresse du mineur par son représentant légal, dans les termes de l'article 3, alin. 2 :*

» 1° *Les étrangers, âgés de dix-huit ans révolus...* » (art. 6, alin. 3), la loi permet désormais aux bénéficiaires de cette disposition de servir en France avec leur classe d'âge, sans qu'en raison de l'intervention du représentant légal on puisse considérer qu'aucune atteinte soit portée au principe de notre législation civile. D'ailleurs, il convient de remarquer que dans les différents traités qui ont mis fin aux hostilités de la dernière guerre, l'âge de dix-huit ans semble avoir, en général, été considéré comme celui de la majorité en matière de nationalité.

Une modification importante est apportée par l'article 6 de la loi à la législation antérieure, par la suppression de l'admission à domicile qui faisait l'objet de l'article 13 du Code civil, et dont les effets en matière de naturalisation étaient insérés dans l'article 8, § 5, n°ˢ 1, 3 et 4 du même code.

L'admission à domicile permettait aux étrangers qui l'avaient obtenue de jouir des droits civils reconnus aux Français, mais elle constituait, en outre, et surtout, un stage préalable à la naturalisation dont elle réduisait à trois et un an les conditions préalables du stage.

Le législateur a estimé qu'il était inutile, et même parfois regrettable, de maintenir en France deux classes d'étrangers, dont l'une plus privilégiée que l'autre jouissait, au moins pour un temps déterminé, sinon des droits civiques, en tout cas des droits privés inhérents à la nationalité française, sans être pourtant soumis aux charges incombant aux citoyens français. Il a redouté également qu'après avoir épuisé les avantages en vue desquels l'admission à domicile avait été sollicitée l'étranger ne renonçât à demander la naturalisation.

Enfin et surtout, dès lors que la réduction du stage préalable à la naturalisation était envisagée, le maintien d'une institution, dont l'objet le plus légitime était pratiquement une réduction de ce stage dans la législation d'hier, ne s'expliquait plus.

L'admission à domicile étant supprimée, il ne restait qu'à graduer le stage des étrangers en France suivant leur situation ou leur mérite.

Aux termes de l'article 6, n° 1, « *Peuvent être naturalisés, ...les étrangers âgés de dix-huit ans révolus, qui peuvent justifier d'une résidence non interrompue pendant trois années en France.*

» *Est assimilé à la résidence en France, le séjour en pays étranger pour l'exercice d'une fonction conférée par le Gouvernement français, ou le séjour dans un pays en union douanière avec la France* ».

Ces étrangers sont ceux qui n'ont théoriquement d'autre titre à faire valoir que leur résidence en France. On peut faire remarquer que la loi unifie la législation métropolitaine et coloniale en cette matière en réduisant le stage normal préalable à la naturalisation à trois ans (cf. décret du 7 févr. 1897 rendu pour l'application de la loi du 26 juin 1889 aux colonies françaises).

En outre, non seulement désormais sont assimilées au séjour en France, la résidence en pays étranger pour l'exercice d'une fonction conférée par le Gouvernement français de même que dans la législation d'hier, mais encore la résidence dans un pays en union douanière avec la France, c'est-à-dire la Sarre et Monaco.

Suivant le n° 2 de l'article, la naturalisation peut être conférée aux « *étrangers âgés de dix-huit ans révolus, après une année de résidence ininterrompue en France, ou dans les conditions d'assimilation ci-dessus déterminées, s'ils ont rendu des services importants à la France, s'ils y ont apporté des talents distingués, s'ils y ont introduit soit une industrie, soit des inventions utiles, s'ils y ont créé soit des établissements industriels ou autres, soit des exploitations agricoles, s'ils ont servi dans les armées françaises ou alliées, s'ils ont acquis des diplômes délivrés par les facultés françaises ou si, nés en France, ils y ont établi leur domicile à une date postérieure à leur majorité* ».

Dans l'énumération de l'article 6, n° 1, ci-dessus, nous trouverons reproduite celle de l'ancien article 8, § 5, n°s 3 et 4, du Code civil, sous réserve toutefois de l'extension du bénéfice du texte à trois nouvelles catégories d'étrangers, à savoir ceux qui ont servi au cours des hostilités 1914-1918 dans les armées alliées, ceux qui ont acquis des diplômes délivrés par les facultés françaises, ou ceux qui, nés en France, y ont établi leur domicile à une date postérieure à leur majorité.

Il est inutile de commenter la disposition visant les services dans une armée alliée.

Peuvent être considérés comme diplômes délivrés par les facultés françaises ceux qui confèrent les grades de docteur ou licencié et voire même le diplôme de pharmacien.

Naguère, sous l'empire de la loi du 26 juin 1889, les étrangers nés en France, qui y avaient établi leur domicile dans l'année qui suivait leur majorité, pouvaient acquérir la qualité de Français par une déclaration souscrite, avant l'âge de vingt-trois ans, devant le juge de paix de leur domicile.

La pratique administrative avait révélé que cette déclaration prévue par l'ancien article 9, § 1er, du Code civil n'était souscrite que très exceptionnellement. Des années entières s'écoulaient sans qu'un seul cas se produisit. En outre, lorsque l'acte était souscrit on se trouvait le plus souvent en présence d'individus dont le passé était inconnu, car ils avaient vécu toute leur jeunesse à l'étranger, en dépit de l'accident de leur naissance sur le territoire de la République. La Chancellerie était dans l'impossibilité d'exercer le contrôle qui lui était imparti par la loi sur leur moralité et leur loyalisme. On peut dire que l'ancien article 9, § 1er, du Code civil ne sauvegardait pas suffisamment la sécurité nationale dans les cas très rares où il était appliqué. La substitution d'une naturalisation précédée d'un stage réduit à l'acquisition de la nationalité française par le bienfait de la loi est donc en l'espèce parfaitement légitime : les individus nés en France de parents nés tous deux à l'étranger et non domiciliés sur le territoire de la République à vingt et un ans constituent la troisième catégorie nouvelle d'étrangers qui pourront être naturalisés après un an de résidence en France.

Le n° 3 de l'article 6 prévoit enfin la naturalisation de « *Tout individu né à l'étranger, soit d'un Français dont, en conformité des dispositions de l'article 1er, § 4, alin. 1er, il ne suit pas la nationalité, soit d'une Française, ou né en France ou à l'étranger de parents dont l'un a perdu la qualité de Français, et ce à tout âge et sans condition de stage, pourvu qu'il soit domicilié en France*. Il en est de même des descendants des familles proscrites lors de la révocation de l'édit de Nantes.

» Dans les cas prévus au présent paragraphe, si la demande de naturalisation concerne un mineur, elle est faite par son représentant légal tel qu'il est déterminé dans l'article 3, alinéa 2, s'il est âgé de moins de seize ans, ou, avec son autorisation, par l'intéressé lui-même s'il est âgé de plus de seize ans ».

Le n° 3 ci-dessus dispense donc de toute condition de stage préalable à la naturalisation une nouvelle catégorie d'étrangers. Il suffit, pour qu'ils puissent prétendre à cette faveur, que ces individus aient fixé leur domicile en France.

Il convient de remarquer qu'il s'agit d'individus qui, nés à l'étranger ou en France, se rattachent à la France *jure sanguinis* par une ligne d'ascendants dont ils ne doivent pas suivre légalement la nationalité de plein droit. D'après l'ancienne législation, les uns ne bénéficiaient d'aucun avantage au point de vue de l'acquisition possible de la qualité de Français, à savoir ceux qui étaient nés à l'étranger soit d'un Français dont, en conformité des dispositions de l'article 8 ancien du Code civil, ils ne suivaient pas la nationalité, soit d'une Française. Les autres, au contraire, ceux qui étaient nés en France ou à l'étranger de parents dont l'un avait perdu la qualité de Français, pouvaient sans condition de stage souscrire une simple déclaration de nationalité devant le juge de paix pour obtenir la nationalité française (ancien art. 10 du Code civil).

Ce système qui faisait un sort si différent à deux catégories d'individus qui, par leur origine, eussent mérité du moins un traitement identique, manquait non seulement de logique, mais encore n'offrait pas suffisamment de garantie au point de vue national. Rappelons que l'article 10 du Code civil n'avait été maintenu dans notre législation que pour permettre aux fils des Alsaciens et Lorrains qui avaient subi l'annexion de 1871 d'acquérir, sans stage préalable, la nationalité possédée naguère par leurs ascendants, notamment à l'âge du service militaire. Ce texte ne subsistait donc plus dans notre droit que comme un anachronisme. Il a permis dans ces dernières années à toute une catégorie d'individus de devenir Français sans qu'un contrôle sérieux puisse s'exercer à leur égard, uniquement parce que leurs ascendants, ou l'un de ceux-ci, avaient perdu la nationalité française, possédée durant quelques années, à la suite des traités de 1814-1815.

Notons encore que le bénéfice des dispositions des lois de 1790 et 1889 est maintenu par l'article 6, n° 3, aux descendants des religionnaires fugitifs.

Insistons aussi sur ce point que, dans tous les cas prévus ci-dessus, la naturalisation peut être demandée à tout âge et que c'est ainsi que l'alinéa 2 prévoit les conditions dans lesquelles le mineur peut être représenté ou habilité.

### B. — Effets de la naturalisation en ce qui concerne l'étranger lui-même naturalisé français.

L'article 6 *in fine* est ainsi conçu : « *L'étranger naturalisé jouit de tous les droits civils et politiques attachés à la qualité de citoyen français. Néanmoins, il ne peut être investi de fonctions ou mandats électifs que dix ans après le décret de naturalisation, à moins qu'il n'ait accompli les obligations militaires du service actif dans l'armée française ou que, pour des motifs exceptionnels, ce délai n'ait été abrégé par décret rendu sur rapport motivé du garde des Sceaux* ».

L'article 3 de la loi du 26 juin 1889 ne suspendait que l'éligibilité aux assemblées législatives. Le législateur de 1927 a estimé que l'intensité de l'immigration étrangère commandait de se protéger contre les dangers qui pourraient résulter d'une brusque absorption des autres assemblées — politiques, professionnelles ou corporatives — par des éléments qui seraient insuffisamment préparés. D'ailleurs, la loi actuelle apporte à cette incapacité une exception ignorée de l'ancienne législation. L'article 6 admet qu'elle ne sera pas opposée aux naturalisés qui ont accompli les obligations militaires du service actif dans l'armée française, qui possèdent immédiatement tous les droits du citoyen.

Sous l'empire de la loi du 26 juin 1889, une controverse pouvait s'élever sur le point de savoir si la restriction des droits civiques imposée aux étrangers naturalisés devait s'appliquer également aux bénéficiaires des déclarations de nationalité qui constituent des naturalisations de faveur. L'insertion dans l'article 6 de la loi, qui vise spécialement la naturalisation proprement dite, de la disposition prévoyant cette diminution provisoire des droits civiques, ne peut laisser subsister désormais aucun doute : elle ne saurait concerner que les étrangers d'origine ayant bénéficié de la naturalisation de droit commun telle qu'elle est envisagée dans ledit article 6.

En revanche, on doit estimer, dans le silence de la loi, que cette *minutio captivis* s'applique également aux enfants mineurs saisis de plein droit par les effets collectifs du décret accordant la naturalisation à leur auteur. L'accomplissement du service militaire actif auquel ils sont astreints les affranchira au surplus de cette incapacité passagère.

Enfin un § c inséré dans l'article 14 (Dispositions transitoires), interprète le caractère non rétroactif des nouvelles incapacités édictées par la nouvelle loi en stipulant que « *Les étrangers naturalisés antérieurement à la promulgation de la présente loi ne seront frappés de l'inéligibilité prévue à l'article 6 qu'en ce qui concerne les assemblées législatives* ».

Toutefois, il convient d'admettre, en conformité des principes du droit public, que les naturalisés antérieurement à la mise en vigueur de la loi du 10 août 1927, qui auront accompli leurs obligations militaires actives en France, sont relevés de l'incapacité prévue par l'article 4 de la loi du 26 juin 1889.

### C. — Effets de l'acquisition de la qualité de Français au regard de la famille du bénéficiaire.

L'article 7 de la loi répond à cette question des effets de l'acquisition de la qualité de Français par le chef de famille au regard de sa femme et de ses enfants. Ce texte envisage globalement les conséquences de tous les modes d'acquisition de nationalité française du chef de famille vis-à-vis des siens, alors que le Code civil n'envisageait que les effets de la naturalisation proprement dite.

Les trois premiers alinéas sont ainsi conçus :

« *Peuvent obtenir la naturalisation sans condition de stage : la femme majeure ou mineure, mariée à un étranger qui acquiert postérieurement au mariage la nationalité française, et les enfants majeurs de cet étranger.*

» *Deviennent Français les enfants mineurs légitimes ou légitimés non mariés, d'un père ou d'une mère survivant qui se fait naturaliser Français ou acquiert la nationalité française par application des articles 3 et 4.*

» *Deviennent Français les enfants naturels mineurs, non mariés, quand le parent qui se fait naturaliser Français ou acquiert la nationalité française, conformément aux dispositions des articles visés à l'alinéa précédent, est celui dont ils devraient, aux termes de l'article 1er, § 4, premier alinéa, suivre la nationalité.*

Aux termes de l'alinéa 1er du présent article, la femme de l'étranger qui, postérieurement au mariage, acquiert la qualité de Français et ses enfants majeurs peuvent, contrairement au droit antérieur, sans condition de stage, solliciter et obtenir désormais cette même qualité, sans qu'il soit nécessaire qu'ils la réclament en même temps que le chef de famille, ainsi que le prescrivait l'article 12, § 2, du Code civil.

L'enfant mineur légitime ou légitimé, non marié, suit la condition de son père pendant la durée du mariage, ou même après le divorce : dans cette dernière hypothèse, le législateur a estimé devoir maintenir l'harmonie entre le texte fondamental de l'article 1er, déterminant la nationalité française possédée à titre originaire, et les modes dérivés d'acquisition de la qualité de Français. Si le père ou la mère meurt et que le survivant devienne Français, le mineur le devient également.

La même symétrie est observée quant à l'enfant mineur naturel non marié, qui devient Français, lorsque celui de ses auteurs dont il devrait partager la condition, au point de vue de la nationalité originaire, acquiert cette qualité.

Les dispositions précitées s'inspirent nettement de la législation antérieure, mais elles comportent une importante et essentielle modification : les enfants mineurs, dont le cas est ci-dessus envisagé, ne conservent pas, contrairement au principe posé par l'article 12, § 3 ancien, du Code civil, la faculté de décliner la nationalité française dans l'année de leur majorité. La conception de l'acquisition de la qualité de Français par le chef d'une famille, envisagée comme un mode d'assimilation de cette famille bien plus que comme une faveur individuelle, est appliquée désormais avec la plus extrême rigueur. Cette conception ne paraît pas seulement dictée par des considérations d'ordre pratique, telles que celles s'inspirant de l'état de la natalité en France, mais aussi par la logique pure. Le même principe est également en honneur dans les pays dont la situation démographique est très différente de celle de la France.

Cependant la logique, invoquée ci-dessus, commandait d'apporter certaines dérogations à la rigueur du principe des effets collectifs absolus de la naturalisation du chef de famille. Ces exceptions sont prévues par les deux derniers alinéas de l'article 7, ainsi conçus :

« *Les dispositions des deux précédents alinéas ne sont pas applicables : aux individus qui, âgés de moins de vingt et un ans, auraient fait l'objet d'un arrêté d'expulsion dont les effets n'ont pas* été suspendus; à ceux qui serviraient ou auraient servi dans les armées de leur pays d'origine; toutefois ces derniers ont la faculté de solliciter la naturalisation française sans condition de stage après l'âge de dix-huit ans.

» Les enfants mineurs mariés ont la faculté de solliciter la naturalisation française sans condition de stage, après l'âge de dix-huit ans ».

Les alinéas 1er et 2 de l'article 7 ne mentionnent, comme étant saisis par les effets collectifs, que les enfants mineurs non mariés. L'alinéa final de cet article édicte que les enfants mariés auront simplement la faculté de solliciter la naturalisation française sans condition de stage, individuellement, à l'âge normal prévu pour l'obtention de cette faveur. Ces enfants sont sortis du foyer familial. Ainsi que le faisait justement observer M. le député Mallarmé, dans son rapport, « il n'y a aucune raison de leur attribuer automatiquement comme aux mineurs non mariés la nationalité française acquise par leur auteur », car ils peuvent désormais subir des influences totalement différentes de celles de leurs frères et sœurs vivant encore dans la maison paternelle. Il était cependant légitime, en raison de leur proche parenté avec des étrangers devenus Français, de leur faciliter spécialement l'acquisition de cette qualité.

L'exclusion du bénéfice des effets collectifs définitifs de la naturalisation de leur ascendant devait également s'appliquer aux enfants mineurs qui auraient déjà servi ou serviraient dans les armées de leur pays d'origine. Le rapporteur de la commission sénatoriale a bien fait observer « que la loi ne saurait leur accorder d'autorité une faveur qu'ils peuvent ne pas être libres d'accepter; elle leur marque alors sa sympathie en leur donnant la faculté de solliciter leur naturalisation sans condition de stage aussitôt qu'ils auront atteint l'âge de dix-huit ans ».

Il est enfin une catégorie de mineurs auxquels les nécessités de l'ordre public devaient commander de refuser la faveur des effets collectifs de la concession du droit de cité à leur auteur; ce sont les mineurs qui auraient fait l'objet d'un arrêté d'expulsion dont les effets n'ont pas été suspendus : il paraît difficile d'admettre pour ceux-ci une présomption d'assimilation, alors que leur présence sur le territoire de la République constitue une illégalité lors de la naturalisation du père de famille. Une disposition de l'avant-dernier alinéa de l'article 7 les déclare donc indésirables bien que le droit antérieur n'ait édicté, en ce qui les concerne, aucune exception.

Une observation d'ordre général s'impose ici. Bien que l'âge de la majorité légale ait été fixé par la loi à dix-huit ans pour l'obtention de la naturalisation, les effets collectifs de l'acquisition de la qualité de Français par le chef de famille s'étendent à ses enfants mineurs de vingt et un ans. Les principes généraux de notre législation civile ont été respectés sur ce point.

En conséquence, deux majorités doivent être désormais envisagées en ce qui concerne les enfants de l'étranger naturalisé au point de vue de l'acquisition de la nationalité française. S'ils appartiennent à la catégorie générale de ceux pour lesquels aucune des exceptions prévues à l'article 7 n'existe, et en admettant qu'ils n'aient pas formulé antérieurement et individuellement une demande de naturalisation à partir de l'âge de dix-huit ans, ils sont saisis par le décret concernant leur père jusqu'à l'âge de vingt et un ans. Si, au contraire, en raison du mariage et du service militaire, ils n'ont pas été compris dans l'acte de naturalisation de leur ascendant, il leur est loisible de solliciter individuellement, selon les principes du droit commun, la même faveur, à dater de leur dix-huitième année.

## IV

### De l'influence du mariage sur la nationalité de la femme.

Dans l'exposé de principe qui précède cette analyse des dispositions de la loi du 10 août 1927, nous avons insisté, d'ores et déjà, sur l'importance de la réforme consacrée par l'article 8, qui permet désormais à la femme mariée de conserver sa nationalité d'origine, lorsque celle du mari est différente.

Depuis longtemps, la réforme était réclamée en ce qui concerne du moins la femme française qui épouse un étranger.

Mais la question se posait également de savoir si cette réforme ne devrait pas être bornée au maintien du statut national de la femme française épousant un étranger, — limite que l'état démographique du pays semblait justifier et qui avait été observée dans certaines législations étrangères (notamment loi belge du 15 mai 1922, art. 18-3°, 2° alinéa, — loi esthonienne du 27 oct. 1922, art. 19, — loi roumaine du 23 févr. 1924, etc.). Convenait-il, au contraire, d'appliquer le principe dans toute sa rigueur, aussi bien à l'étrangère épousant un Français qu'à la Française épousant un étranger.

Ce dernier point de vue a triomphé parce qu'il est apparu au législateur qu'il était odieux, d'une manière générale, d'imposer à la femme la prééminence du mari dans le domaine de la conscience ou de la pensée, et qu'ainsi le droit pour la femme française de conserver sa nationalité, malgré son mariage avec un étranger, devait avoir pour corollaire, celui, pour la femme étrangère qui épouse un Français, de conserver sa propre nationalité.

Au surplus, le principe posé n'est pas absolu. La présomption législative tendant à admettre que la femme mariée, même avec un étranger, reste fidèle à sa patrie d'origine, doit supporter la preuve contraire résultant d'une manifestation expresse de volonté de l'intéressée; le droit nouveau admet donc que la femme française ou étrangère pourra acquérir la nationalité de son mari au regard de la loi française par une déclaration de volonté.

Le décret intervenu pour l'exécution de la loi règle dans son titre III (art. 8 et suiv.) les conditions d'application de l'article 8 aux mariages célébrés en France et à l'étranger, en prévoyant que la déclaration d'intention des femmes devra être effectuée avant la célébration du mariage, et en déterminant les autorités ayant qualité pour la recevoir : en France, les officiers d'état civil ; à l'étranger, les agents diplomatiques ou consulaires.

Il convient d'ajouter qu'en conformité du principe posé explicitement dans l'article 7 de la loi, la femme même mineure peut manifester, sans y être habilitée, l'intention dont il s'agit.

En dehors même de l'intention affirmée par l'intéressée de suivre la condition de son époux, le principe de l'unité de nationalité posé par le nouvel article 8 comportait des correctifs commandés par l'observation des principes du droit des gens et ayant pour but de mettre obstacle à l'heimatlosat et au cumul de nationalités. C'est ainsi que la femme étrangère acquiert nécessairement la nationalité française de son mari, lorsqu'en conformité des dispositions de sa loi nationale elle suit nécessairement la condition du mari. D'autre part, la femme française perd sa nationalité d'origine si, le domicile des époux étant fixé hors de France, lors de la célébration du mariage elle acquiert nécessairement la nationalité du mari en vertu de la loi nationale de ce dernier : dans ce dernier cas, le cumul de nationalités qui se serait produit ne pourrait qu'être une source d'embarras pour la femme, notamment dans le règlement des intérêts privés, sans aucun profit réel pour elle dans la plupart des circonstances.

En résumé, l'article 8 de la loi du 10 août 1927 se trouve ainsi conçu :

« *La femme étrangère qui épouse un Français n'acquiert la qualité de Française que sur sa demande expresse ou si, en conformité des dispositions de sa loi nationale, elle suit nécessairement la condition de son mari.*

» *La femme française qui épouse un étranger conserve la nationalité française, à moins qu'elle ne déclare expressément vouloir acquérir, en conformité des dispositions de la loi nationale du mari, la nationalité de ce dernier.*

» *Elle perd la qualité de Française si les époux fixent leur premier domicile hors de France après la célébration du mariage et si la femme acquiert nécessairement la nationalité du mari en vertu de la loi nationale de ce dernier* ».

La situation de la femme française, qui a épousé un étranger antérieurement à la mise en vigueur, a été réglée expressément par la loi dans l'article 14 a), dont la rédaction est la suivante :

« *Toute Française qui aura épousé un étranger antérieurement à la mise en vigueur de la présente loi peut, si elle réside habituellement depuis deux ans au moins en territoire français, recouvrer la nationalité française par une déclaration faite devant le juge de paix de son domicile ou, à défaut, de sa résidence, dans l'année de la promulgation de la présente loi.*

» *Pendant la durée du mariage, cette faculté ne pourra être exercée qu'avec l'autorisation du mari et si le domicile conjugal est fixé sur le territoire national.*

» *Toutefois, ces deux conditions ne seront pas exigées en cas d'absence, de disparition, d'incapacité légale du mari, en cas de séparation de corps ou si, les époux étant séparés de fait depuis un an, une instance en séparation de corps ou en divorce est déjà engagée.*

» *Ces déclarations seront souscrites conformément aux dispositions de l'article 5 de la présente loi.*

» *Leur enregistrement pourra être refusé pour cause d'indignité, conformément aux dispositions de l'article 3, alinéa 3.*

» *Après l'expiration du délai susvisé, ou en l'absence des conditions précitées de domicile et de résidence, la femme ayant perdu la qualité de Française par suite de son mariage avec un étranger ne peut être réintégrée que dans les termes de l'article 11 de la présente loi.*

» *Les dispositions qui précèdent s'appliquent également aux Alsaciennes et Lorraines ayant épousé un ressortissant étranger avant* le *11 novembre 1918 et qui, par suite de leur mariage, n'ont pas été réintégrées de plein droit dans la nationalité française, en vertu du § 1ᵉʳ de l'annexe à la section V, partie III, du traité de Versailles* ».

En ce qui concerne les dispositions transitoires ci-dessus, il convient d'insister sur ce point que les femmes veuves ou divorcées, même antérieurement à la mise en vigueur de la loi du 10 août 1927, qui auparavant ne pouvaient obtenir leur réintégration dans la nationalité française que par voie de décret pris en vertu de l'ancien article 19 du Code civil, ont la faculté de souscrire une simple déclaration de nationalité pour recouvrer la qualité de Française, pourvu que l'acte soit souscrit dans l'année de la promulgation de la loi.

Il a paru correct aussi d'exiger que la femme encore engagée dans les liens du mariage obtienne, par application des principes généraux de notre droit, l'habilitation maritale pour redevenir Française. Mais les dispositions de l'article 219 du Code civil, visant l'autorisation judiciaire en cas de refus du mari d'autoriser sa femme à passer un acte, sont inapplicables en l'espèce.

D'autre part, par dérogation au principe de l'article 222 du même code, en cas d'absence, de disparition, d'incapacité légale du mari, la déclaration susvisée pourra être souscrite par la femme sans aucune autorisation.

Enfin, il est dérogé au principe lui-même de l'incapacité de la femme mariée, aux termes de l'alinéa 3 *in fine*, du § a, si, « *les époux étant séparés de fait depuis un an, une instance en séparation de corps ou en divorce est déjà engagée* ». En effet, on peut présumer que, dans ce cas, la femme serait dans l'impossibilité d'obtenir du mari l'autorisation nécessaire, et qu'en raison des circonstances, il est légitime de faire échec à cette résistance.

Notons encore que les règles applicables aux formalités spéciales à la souscription des déclarations de nationalité sont étendues aux actes souscrits en vertu de l'article 14. Il a paru même légitime de prévoir que la déclaration pourrait être refusée pour cause d'indignité : en effet, dans certains cas, le recouvrement de la nationalité d'origine par l'ex-Française pourrait être jugée dangereux ou indésirable. Ainsi que le faisait observer M. Mallarmé, dans son rapport, certaines de ces femmes « mariées à des étrangers depuis longtemps et ayant pu vivre à l'étranger pendant des années avant de venir se fixer en France, ont pu acquérir une mentalité et des sentiments qui rendront suspect leur désir de devenir Françaises ».

Rappelons enfin qu'aux termes de l'article 14, après expiration du délai d'un an, à dater de la promulgation de la loi du 10 août 1927, et si l'intéressée ne réside pas en France depuis deux ans lorsqu'elle entend recouvrer sa nationalité d'origine, elle ne peut être réintégrée que dans les termes de l'article 11 de la loi. D'ailleurs, il en serait de même dans le cas où, au cours du mariage, et sauf les exceptions prévues à l'alinéa 3 du § *a*, bien que la femme pût justifier d'une résidence de fait biennale en France, le domicile conjugal n'y serait pas fixé.

## V

### De la perte de la qualité de Français.

Cette question de la perte de la qualité de Français faisait l'objet de l'article 17 du Code civil. Les articles 9 et 10 de la loi y sont désormais consacrés.

A. — Trois cas de perte de la nationalité n'ont aucun caractère pénal, si nous pouvons ainsi nous exprimer : ils ont pour objet de mettre fin à un cumul de nationalités, suivant le désir manifesté explicitement ou implicitement par les intéressés.

Aux termes du § 1er de l'article 9 :

« *Perdent la qualité de Français...*

» *Le Français naturalisé à l'étranger ou celui qui acquiert, sur sa demande, une nationalité étrangère par l'effet de la loi, après l'âge de vingt et un ans.*

» *Toutefois, jusqu'à l'expiration d'un délai de dix ans à partir soit de l'incorporation dans l'armée active, soit de l'inscription sur les tableaux de recensement en cas de dispense du service actif, l'acquisition de la nationalité étrangère ne fait perdre la qualité de Français que si elle a été autorisée par le gouvernement français* ».

L'alinéa 1er du présent paragraphe comporte une précision nouvelle, à savoir que la perte de la qualité de Français par l'acquisition d'une nationalité étrangère ne sera effective qu'après l'âge de vingt et un ans : d'ailleurs, c'est l'affirmation expresse d'une jurisprudence constante.

D'autre part, conformément au principe admis naguère par l'ancien article 17, § 1er, n° 2, du Code civil, et suivant l'alinéa 2 susvisé du présent paragraphe, l'autorisation du gouvernement français demeure nécessaire, lorsque l'intéressé est encore soumis à certaines obligations militaires. Mais une modification de l'ancien texte s'imposait cependant, en raison des dispositions de la loi du 1ᵉʳ avril 1923 sur le recrutement, qui retarde jusqu'à l'âge de quarante ans le passage dans la deuxième réserve.

Auparavant l'autorisation gouvernementale était nécessaire jusqu'au passage dans l'armée territoriale : elle est désormais limitée à dix ans à partir de l'incorporation dans l'armée active ou de l'inscription sur les tableaux de recensement en cas de dispense de service actif. Le texte réalise ainsi, en ne maintenant pas en fait dans une allégeance perpétuelle le Français soumis aux obligations militaires, une juste conciliation entre les intérêts de la défense nationale et ceux de l'individu qui, après s'être effectivement libéré de sa dette de sang, peut légitimement désirer acquérir une nationalité étrangère et servir parfois utilement au dehors notre influence.

Le § 2 de l'article 9 est ainsi conçu :

« *Le Français qui a répudié la nationalité française dans le cas prévu à l'article 2* ».

Susbstitué aux dispositions de l'ancien article 17, § 2, le présent paragraphe a été mis en harmonie avec l'article 2 de la loi du 10 août 1927, qui restreint les catégories d'individus nés en France, auxquels demeure réservé le droit de répudier la qualité de Français dans l'année de leur majorité. D'autre part, en ne visant pas l'hypothèse de l'article 4 de la présente loi, laquelle se rapporte à l'individu né en France de parents nés en territoire étranger, qui décline la nationalité française à vingt et un ans, le législateur a entendu souligner, en excluant la théorie de la condition suspensive dans le domaine de la nationalité, que cet individu doit être considéré comme n'ayant jamais été Français.

Aux termes du § 3, « *le Français même mineur qui, possédant par l'effet de la loi, sans manifestation de volonté de sa part, une nationalité étrangère, est autorisé, sur sa demande, par le gouvernement français à la conserver* », perd la qualité de Français.

Cette disposition présente un intérêt pratique considérable. En effet, s'il est conforme au droit des gens et à l'intérêt bien entendu d'un Etat quelconque de dégager de ses liens d'allégeance, sauf dans des cas exceptionnels de fraude à la loi, celui de ses nationaux qui acquiert par une manifestation expresse de volonté une nationalité étrangère, il importe aussi que, dans le cas où, soit un Français d'origine, soit un fils d'étranger possédant la nationalité française *jure soli*, seraient également ressortissants de plein droit d'un État étranger, ils puissent, le cas échéant, être dégagés théoriquement, dans toutes les hypothèses, de leur citoyenneté française. Le cumul de nationalités est une anomalie du droit des gens à laquelle le législateur de tout État doit légalement pouvoir remédier.

Or, il n'en était pas ainsi dans notre droit antérieur sur la nationalité : les dispositions de l'article 17, § 1er, du Code civil ne permettaient de mettre fin à ce cumul de citoyennetés que dans l'hypothèse où l'intéressé, *du sexe masculin*, était astreint encore aux obligations du service militaire dans l'armée active ou sa réserve. Encore faut-il noter que, dans ce cas, seule une interprétation très prétorienne du texte précité, très contestée en doctrine, autorisait l'application d'une disposition ne visant que la naturalisation de droit commun à la possession d'une nationalité étrangère acquise de plein droit. La nouvelle législation sur la nationalité permet désormais de mettre fin théoriquement à un cumul de nationalités française et étrangère dans toutes les hypothèses où il est susceptible de se réaliser.

B. — L'article 9 prévoit deux cas de perte de la qualité de Français qui peuvent être considérés comme des cas de déchéance intervenant à titre de pénalités civiles.

Le § 4 du présent article dispose :

« *Perd la qualité de Français...*

» *Le Français qui, remplissant à l'étranger un emploi dans un service public, le conserve, nonobstant l'injonction de le résigner dans un délai déterminé, qui lui aura été faite par le gouvernement français.*

» *Cette mesure ne pourra être étendue à la femme et aux enfants mineurs que par décision des tribunaux civils rendue dans les formes prévues à l'article 10* ».

Cette situation était prévue dans le Code civil (art. 17, § 3). Mais la nouvelle loi y apporte une modification importante en édictant la déchéance, non seulement contre le Français qui aurait accepté à l'étranger une fonction publique proprement dite, dans le sens que le droit public français donne à cette expression, mais tout emploi dans un service public quelconque, comme les chemins de fer même exploité par une société privée.

Le texte précise en outre que cette déchéance ne pourra être étendue à la femme et aux enfants mineurs de l'intéressé qu'en vertu d'une décision de justice rendue dans les formes prévues pour la déchéance de la qualité de Français des individus naturalisés (art. 10 de la loi).

La législation antérieure était muette sur ce point : il a semblé cependant légitime d'envisager telle hypothèse où, soit l'attitude du chef de famille rebelle aux ordres de son gouvernement, soit l'origine étrangère elle-même de la femme, permettraient de suspecter également le loyalisme de tous les siens. Ceux-ci seront néanmoins garantis contre l'arbitraire gouvernemental.

La disposition nouvelle ci-dessus analysée et insérée dans le § 4 de l'article 9 prend ainsi la place dans notre législation d'un cas de perte de la qualité de Français prévu naguère à l'article 17, § 4, du Code civil : c'était la déchéance encourue par le Français qui, sans autorisation du gouvernement, prenait du service militaire à l'étranger. Cette déchéance tournait le plus souvent à l'avantage de l'individu qu'elle concernait, en lui permettant, grâce à un service très réduit dans une armée étrangère, et parfois même suivant une jurisprudence très contestable, grâce au paiement d'une simple taxe, d'échapper aux obligations militaires en France. En outre, il y aurait eu une contradiction manifeste entre le maintien de cette disposition et de celle du § 1$^{er}$ de l'article 9, qui exige l'autorisation gouvernementale pour le changement de nationalité, lorsque l'intéressé se trouve encore dans la période de dix ans à partir de l'inscription sur les tableaux de recensement ou de l'incorporation.

Il convient ici d'insister également sur le caractère de disposition transitoire insérée à l'article 14 *b* de la loi, ainsi conçu : « *La prise de service militaire à l'étranger, même antérieure à la promulgation de la présente loi, ne peut entraîner la déchéance de la qualité de Français, à moins que cette déchéance n'ait été constatée par une décision de justice passée en force de chose jugée* ».

Ce texte produit des effets nettement rétroactifs contrairement aux principes généraux du droit sur la nationalité. Si les auteurs de la loi n'ont pas hésité à les admettre, c'est pour les deux motifs suivants : 1° la pratique avait révélé le caractère fréquemment frauduleux au regard de la loi française de ces incorporations dans une armée étrangère, dont le but réel poursuivi par l'intéressé était de tourner l'article 17, § 1$^{er}$, n° 2 ancien, du Code civil ; 2° ce mode de perte de la qualité de Français, bien qu'il se produisît de plein droit, n'était plus constaté administrativement en raison des difficultés fréquentes d'appréciation de fait.

Le deuxième cas de déchéance proprement dite de la qualité de Français ne s'applique, contrairement à tous les cas de perte de la nationalité française envisagés précédemment, qu'à un étranger d'origine ayant acquis ultérieurement, sur sa demande ou celle de ses représentants légaux, la nationalité française : cette déchéance implique une procédure judiciaire prévue à l'article 10 de la loi.

Aux termes du § 5 de l'article 9, « *Perd la qualité de Français...*

» *Le Français qui, ayant acquis, sur sa demande ou celle de ses représentants légaux, la nationalité française, est déclaré déchu de ladite nationalité par jugement.*

» *Cette déchéance peut être encourue :*

» *a) Pour avoir accompli des actes contraires à la sûreté intérieure ou extérieure de l'État français;*

» *b) Pour s'être livré, au profit d'un pays étranger, à des actes incompatibles avec la qualité de citoyen français et contraires aux intérêts de la France;*

» *c) Pour s'être soustrait aux obligations résultant pour lui des lois de recrutement* ».

» *Article 10. L'action en déchéance doit être exercée dans un délai de dix ans à partir de l'acquisition de la qualité de Français, délai qui court seulement à dater de la promulgation de la présente loi, si l'acquisition de cette qualité est antérieure à sa mise en vigueur.*

» *Pour les personnes qui ont acquis la nationalité française antérieurement à la mise en vigueur de la présente loi, la déchéance ne pourra être encourue que pour des faits postérieurs à cette mise en vigueur.*

» *L'action est intentée, sur la demande du ministre de la Justice, par le ministère public, devant le tribunal civil du domicile, ou, à son défaut, de la résidence de l'intéressé.*

» *Lorsque son domicile et sa résidence sont inconnus ou se trouvent en pays étranger, l'action est intentée devant le tribunal du dernier domicile ou de la dernière résidence connus.*

» *La procédure, les voies de recours et les frais de l'instance, ainsi que les effets de la décision définitive sont réglés suivant les formes prévues par les articles 2 à 12 inclus de la loi du 18 juin 1917, exception faite de l'alinéa 2 de l'article 11 de ladite loi; toutefois, le juge commis, s'il y a lieu, par le tribunal aux fins d'enquête, doit, à peine de nullité de l'acte et de la procédure ultérieure, se conformer aux articles 3, 9 et 10 de la loi du 8 déc. 1897* ».

Ces dispositions du projet de loi sur la nationalité appellent les observations suivantes.

Sans doute la concession du droit de cité à un étranger, sous forme de naturalisation proprement dite, doit avoir, en principe, de la part de l'Etat, un caractère définitif. On ne conçoit pas rationnellement l'institution de Français à titre provisoire ou conditionnel. Si la règle « donner et retenir ne vaut » s'applique expressément et exclusivement à la matière des donations, elle n'est pas moins justifiée implicitement sur le terrain de la naturalisation. Il appartient à l'administration, lorsqu'elle procède à l'enquête préalable à la concession du droit de cité, d'exiger toutes les garanties nécessaires de l'impétrant et, dans le doute sur le loyalisme ou la moralité de l'intéressé, de s'abstenir d'accorder la faveur sollicitée.

Le législateur ne doit pas perdre de vue qu'aux termes de la plupart des législations l'acquisition d'une nationalité étrangère par voie de naturalisation entraîne la perte de la nationalité d'origine, et qu'en conséquence après avoir accepté comme citoyen un étranger, le priver ultérieurement de la nationalité qu'il a acquise, c'est en faire en heimatlos, un individu sans nationalité. Au point de vue de l'observation des principes du droit des gens, il n'est pas plus logique d'admettre la déchéance d'une nationalité acquise par voie de naturalisation en raison de condamnations pour crimes ou délits de droit commun commis depuis la concession du droit de cité, qui n'impliquent en rien l'absence de loyalisme de la part du condamné, que de prononcer cette déchéance à l'encontre d'individus possédant la même nationalité à titre originaire.

Nous devons reconnaître cependant qu'aux termes d'une loi de 1918, le certificat de naturalisation peut être révoqué en Grande-Bretagne lorsque « le naturalisé aura été condamné, dans les cinq années qui suivront la délivrance du certificat, à un emprisonnement de 12 mois ou à la peine de la servitude ou à une amende de 100 livres au moins... ».

Une disposition de même nature se retrouve également dans la loi égyptienne du 26 mai 1926 qui prévoit la déchéance si le naturalisé « a été condamné en Egypte à une peine criminelle ou à deux années d'emprisonnement au moins ». De même que dans la législation britannique, la déchéance ne pourra plus être prononcée, si l'acquisition de nationalité remonte à plus de cinq années.

Ces deux législations sont les seules, à notre connaissance, qui édictent une pareille pénalité civile.

D'ailleurs, dans les lois les plus récentes, cette déchéance n'a guère été prévue à l'égard des naturalisés que pour des manquements graves au loyalisme au cours des dernières hostilités (notamment loi belge du 15 mai 1922, dispositions transitoires, 6°). Ces dernières dispositions s'inspirent, somme toute, des mêmes principes que ceux qui ont dicté le vote des lois du 7 avril 1915, et du 18 juin 1917 sur la déchéance, par voie de décret, puis par décision de justice des ex-ressortissants des puissances ennemies.

Cependant dans ces lois de circonstance de la période de guerre, la raison dominante de la naturalisation paraît n'être autre que la présomption de conservation de la nationalité d'origine et l'acquisition par fraude de la nationalité française. Sur ce terrain de la fraude, le principe de la déchéance judiciaire nous semble légitime. Pourquoi ne ferait-on pas ici, dans l'intérêt de l'Etat, une application du vieil adage « *fraus omnia corrumpit* », à condition, toutefois, que cette présomption ne s'étende pas indéfiniment après la naturalisation, et qu'elle soit basée sur des signes certains.

Il ne faut pas, notamment, admettre comme une acquisition de nationalité française sincère de la part de l'impétrant, celle qui n'est sollicitée que dans la pensée de mieux nuire à l'Etat, dont il aspire, en apparence seulement, à posséder la citoyenneté, en réalité pour se mieux garder des mesures de police et de sûreté prévues à l'égard des étrangers. Il ne convient pas davantage que le législateur demeure esclave du principe rigide de la naturalisation définitive, lorsque celle-ci n'a été manifestement demandée, dans un but d'intérêt personnel, que pour bénéficier de certains avantages réservés aux Français, si l'impétrant a l'intention certaine, en convoitant cette faveur, de continuer à pratiquer activement la nationalité de son pays d'origine.

Au reste, il a semblé qu'en réduisant dans de notables proportions le délai de stage préalable à la naturalisation, il convenait précisément que l'Etat fût mieux défendu désormais contre ces naturalisations frauduleuses, plus redoutables dans l'avenir en raison même de cette réduction de stage.

Cependant, le danger d'une acquisition de mauvaise foi de la nationalité française n'existe pas seulement de la part des naturalisés de droit commun, mais aussi de ceux qui, par le mode très simplifié et très rapide de la réclamation ou de la déclaration de nationalité, deviendront Français conformément à l'article 3 de la loi, ou qui, très nombreux, ont acquis cette qualité par application du § 2 de l'annexe de la section V, partie III, du traité de Versailles, parfois sans aucun contrôle du gouvernement, comme dans l'hypothèse de l'alinéa 6, paragraphe précité (*Conjoints des Alsaciens-Lorrains*).

A ce sujet, M. le député Mallarmé a justement fait observer que « si la déchéance judiciaire de nationalité est admissible pour les naturalisés dont la demande a fait l'objet d'une enquête individuelle, puis d'un décret spécial de naturalisation, on doit l'admettre *a fortiori* pour des individus qui profitent de la clause d'un traité en vue de réclamer, par plusieurs dizaines de mille, une nationalité, et dont, manifestement, il a été impossible d'examiner individuellement les antécédents de vie ou la sincérité de sentiments ».

Pour bien marquer l'esprit dans lequel est instaurée la nouvelle procédure de déchéance, qui ne constitue, ainsi que nous l'avons précisé, qu'un cas nouveau d'application de l'adage « *fraus omnia corrumpit* », et ne pas faire planer sur les nouveaux Français la menace d'une mesure qui, à la faveur de mouvements d'opinion parfois excessifs, pourrait les priver inconsidérément des droits qu'ils ont régulièrement acquis, la loi précise nettement les cas dans lesquels la déchéance pourra être prononcée.

Elle exige que l'individu, contre lequel l'action sera exercée, se soit livré à des actes contraires à la sûreté intérieure ou extérieure de l'Etat français ou, dans l'intérêt de son pays d'origine ou de tout autre pays étranger, à des actes incompatibles avec la qualité de citoyen français, et contraires aux intérêts de la France, ou enfin qu'il se soit soustrait aux obligations de la loi militaire (art. 9, § 5, alinéas *a*, *b*, *c*), c'est-à-dire que la preuve matérielle de la déloyauté doit être apportée aux juges : comme, d'autre part, la loi limite à dix ans, à partir de sa promulgation ou de l'acte de naturalisation, la période pendant laquelle l'action en déchéance pourra être exercée (art. 10, alin. 1er), nous pouvons ajouter que, somme toute, c'est la fraude à la loi présumée concomitante à l'acte de concession de la nationalité française que le législateur a surtout voulu atteindre, en respectant en même temps le principe des droits régulièrement acquis.

D'ailleurs, la nature répressive de l'institution de déchéance judiciaire commande l'exclusion de toute rétroactivité (art. 10, alin. 2).

Mais, en ce qui concerne les faits, la juridiction saisie n'est nullement liée par les qualifications pénales des chapitres Ier et II du Code pénal.

Enfin, la garantie de l'intervention judiciaire dans tous les cas protégera l'intéressé contre un arbitraire gouvernemental ou administratif, bien que l'initiative de l'instance appartienne au ministre de la Justice.

En outre, si la procédure judiciaire prévue est celle du 18 juin 1917, qui visait la déchéance édictée contre les ressortissants de puissances ennemies, de nouvelles et importantes garanties sont offertes au défendeur lui-même à l'action; d'une part, l'action se déroulera dorénavant devant le tribunal civil, et non pas seulement devant la chambre du conseil, et d'autre part, s'il y a lieu à enquête par un juge commis par le tribunal, celui-ci devra « à peine de nullité de l'acte et de la procédure ultérieure » se conformer aux prescriptions des articles 3, 9 et 10 de la loi du 8 décembre 1897 sur l'instruction criminelle.

Les membres eux-mêmes de la famille du Français déchu sont mieux protégés que par les dispositions de l'alinéa 2 de l'article 11 de la loi du 18 juin 1917 qui permettaient d'étendre à la femme et aux enfants régulièrement mis en cause la déchéance prononcée à l'encontre du mari ou de l'ascendant: désormais, ils ne pourront être atteints que par une action distincte exercée contre eux.

Il est donc vrai de dire, selon l'expression du rapporteur de la loi au Sénat, l'honorable M. Lisbonne, que « dans ces limites et sous ces garanties, la dénaturalisation ne constituera pas un danger pour les nouveaux Français, et donnera à l'Etat la protection nécessaire contre ceux qu'il aurait trop hâtivement et imprudemment accueillis », nous ajoutons — dans le cas où ceux-ci n'auraient sollicité la naturalisation que dans une pensée frauduleuse.

A titre indicatif, nous notons que la loi britannique de 1918 et la loi égyptienne de 1926 prévoient également la déchéance contre les individus naturalisés pour des motifs analogues à ceux envisagés par la loi, mais que les formules des textes offrent beaucoup moins de garanties à l'intéressé en raison de leur imprécision, et, qu'en outre, la dénaturalisation est prononcée par décret et non par décision de justice.

## VI

### De la réintégration dans la qualité de Français.

Cette question faisait l'objet des articles 18, 19 et 21 du Code civil, dont le second s'appliquait spécialement à la femme mariée.

Des distinctions peu logiques étaient établies notamment entre les conséquences de la réintégration selon qu'elle était prévue par l'article 18 ou l'article 19, au regard des enfants majeurs ou mineurs. Désormais l'article 11 de la loi envisage tous les cas de réintégration dans la nationalité française. Il est ainsi conçu :

« *Article 11. L'individu qui a perdu sa qualité de Français peut la recouvrer à tout âge par décret, pourvu qu'il réside en France et que, dans le cas de minorité, il soit dûment représenté ou autorisé dans les conditions déterminées à l'article 3, alinéa 2.*

» *En cas de réintégration, il acquiert immédiatement tous les droits civils et politiques.*

» *La qualité de Français peut être accordée à la femme et aux enfants majeurs, s'ils en font la demande. Les enfants mineurs, non mariés, du père ou de la mère survivant réintégré, deviennent Français, à moins qu'ils ne tombent sous le coup de la disposition de l'article 7, alinéa 4.*

» *Les enfants naturels, non mariés, deviennent Français aux conditions fixées par l'article 7, alinéa 3, et sauf les dispositions de l'article 7, alinéa 4* ».

Ainsi, l'individu qui a perdu la nationalité française peut, de même que dans la législation antérieure, et pourvu qu'il soit domicilié en France, être réintégré dans cette nationalité sans condition de stage. Dans ce cas, il acquiert immédiatement tous les droits civils et politiques : il s'agit réellement d'une *restitutio in integrum*.

Par la mise en harmonie des dispositions de l'article 11 avec les prescriptions de l'article 7 visant les effets de la naturalisation du chef de famille au regard de sa femme et de ses enfants, la femme et les enfants majeurs de l'ex-Français réintégré peuvent obtenir, sans condition de stage, sur leur demande, soit par le même décret, soit ultérieurement, la qualité de Français. D'ailleurs, il est loisible aux enfants majeurs d'invoquer le bénéfice de l'article 6, § 3, relatif à la naturalisation des enfants d'ex-Français, qui prévoit plus spécialement l'hypothèse où l'ascendant n'aurait pas lui-même sollicité la réintégration.

Quant aux enfants mineurs, non mariés, ils deviennent Français aux mêmes conditions, et sauf les mêmes exceptions, que ceux dont l'ascendant a été naturalisé (art. 7). Les uns et les autres ne peuvent plus désormais décliner la qualité de Français dans l'année de leur majorité.

Cependant, en se tenant strictement à la lettre de la loi, il y a lieu de considérer que le bénéfice de la jouissance de tous les droits civils et politiques accordée au père de famille ex-Français qui obtient la réintégration, ne doit pas s'étendre à sa femme et à ses enfants, s'ils n'ont jamais possédé antérieurement la qualité de Français. Ils doivent être, à ce point de vue, considérés comme des étrangers naturalisés, auxquels des restrictions de droit commun apportées à cette jouissance des droits civiques par l'article 6, alinéa dernier, s'appliquent.

## VII
### Dispositions diverses et transitoires.

L'article 12, qui prévoit le point de départ des effets de l'acquisition volontaire de la nationalité française par le bienfait de la loi et de la réintégration dans la qualité de Français, corrige la rédaction défectueuse de l'article 20 du Code civil, modifié par la loi du 26 juin 1889, qui semblait favoriser les partisans de la théorie de la condition suspensive ou résolutoire admise dans la détermination des rapports en matière de nationalité, en ne mentionnant pas l'article 8, § 4, du Code civil remplacé aujourd'hui par l'article 4 de la loi du 10 août 1927.

L'article 13 vise l'abrogation expresse des articles du Code civil et de la loi du 26 juin 1889 auxquels la nouvelle loi se substitue. Indiquons que l'abrogation expresse de la loi du 26 juin 1889 entraîne implicitement celle du décret du 13 août 1889 pris pour son exécution.

L'abrogation de l'article 7, alinéa 2, de la loi du 3 juillet 1917 est également prévue. Cette dernière disposition, conçue en termes absolument généraux, interdisait la concession du droit de cité, par voie de naturalisation, aux fils d'étrangers nés en France qui auraient décliné la qualité de Français pendant la période légale des hostilités à l'âge de dix-huit ans fixé par la loi précitée pour l'acquisition ou la répudiation de la nationalité française. Or, un certain nombre de ces jeunes gens n'avaient souscrit l'acte d'option pour la nationalité de leur père que pour effectuer leur service militaire dans une armée alliée ; il n'est pas douteux que dans ce dernier cas le motif de l'interdiction de naturaliser ces individus cesse d'exister.

Les dispositions transitoires insérées dans l'article 14 alinéas *a* et *b*, et visant respectivement la situation de la femme française mariée avec un étranger antérieurement à la promulgation de la loi ainsi que les effets de la prise de service militaire à l'étranger sans autorisation gouvernementale, durant cette période, ont été commentées sous les articles 8 et 9.

Les dispositions de l'alinéa c du même article, prévoyant que les étrangers naturalisés antérieurement à la promulgation de la loi ne sont frappés de l'inéligibilité édictée à l'article 6 qu'en ce qui concerne les assemblées législatives, ont été soulignées dans le commentaire de l'article 6.

L'article 15 fixe le champ d'application de la loi dans des conditions identiques à celles de la loi du 26 juin 1889.

Une modification importante doit cependant être signalée. Elle consiste dans l'abrogation partielle du sénatus-consulte du 14 juillet 1865, relatif à l'Algérie, dont les dispositions ne s'appliqueront plus qu'aux indigènes. La réduction du stage préalable à la naturalisation rendait sans objet les prescriptions de l'article 3 du sénatus-consulte relatif à la naturalisation des étrangers en Algérie.

Aucun article de la loi ne réserve expressément l'application de conventions internationales existant en matière de nationalité. Or, deux conventions sont actuellement en vigueur, la convention franco-suisse du 23 juillet 1879, l'accord franco-belge du 30 juillet 1891.

La première de ces conventions vise la situation des enfants mineurs des Français naturalisés en Suisse. Elle réserve à ses enfants la faculté d'opter pour la Suisse, dans l'année de leur majorité; dans le cas contraire, malgré les effets collectifs normaux de la naturalisation en Suisse, ils conservent leur nationalité française originaire. Cette convention apporte une exception importante aux principes généraux de notre législation qui ne reconnaît pas les effets collectifs d'une naturalisation du père de famille intervenue à l'étranger. Cette exception persistera jusqu'à dénonciation de l'acte dont il s'agit.

La convention franco-belge du 30 juillet 1891 est surtout une convention militaire ne s'appliquant qu'aux jeunes gens du sexe masculin dont les stipulations sont fixées, sauf une exception, dans les cadres des lois françaises et belge sur la nationalité. Bien que ses dispositions soient de nature à réagir sur les rapports de nationalité (art. 3), elle envisage principalement les modalités de l'inscription sur les tableaux de recensement des fils de Belges nés en France ou des Français nés en Belgique qui possèdent l'une ou l'autre nationalité avec faculté de répudiation, sauf dans le cas de l'article 4 visant la situation d'un fils né en France d'un père belge qui lui-même y est né. Il est certain qu'en conformité des principes généraux du droit public, cette convention cessera désormais d'être applicable dans l'hypothèse où le droit de répudiation de la qualité de Français n'appartiendra plus aux fils de Belges nés en France : tel est le cas notamment de l'enfant né en France d'un père belge et d'une mère française lors de sa naissance. Il conviendra de ne point perdre de vue cet aspect de la question lors de l'établissement des tableaux de recensement.

Telles sont les dispositions de la nouvelle loi sur la nationalité. Certains de ses textes tiennent, ainsi que l'analyse ci-dessus tend à le prouver, le plus large compte de la situation démographique du pays en accélérant ou facilitant l'acquisition de la nationalité française par des éléments sains de l'immigration étrangère. Mais le législateur n'a pas manqué davantage au devoir que cette collation rapide et facile du droit de cité lui imposait de garantir la sécurité nationale par des correctifs qui protègent mieux qu'hier — on peut l'affirmer sans hésitation — la nation contre l'intrusion des individualités indésirables.

Il appartiendra désormais à l'Administration de s'inspirer de ces vues dont la sagacité n'est pas contestable en sachant y adapter les applications pratiques. Elle ne saurait oublier que si son pouvoir d'action se trouve sensiblement accru par le libéralisme et la souplesse des nouveaux textes, il en est de même *a fortiori* de sa responsabilité : ceci constitue même une des caractéristiques essentielles de la loi du 10 août 1927.

www.ingramcontent.com/pod-product-compliance
Lightning Source LLC
LaVergne TN
LVHW051511090426
835512LV00010B/2468